北朝鮮とイラン

ara Yuji
ura Shintaro

a pilot of wisdom

はじめに

福原裕二
吉村慎太郎

北朝鮮、イラン、イラクを糾弾し、イラク戦争の口実にもなる「悪の枢軸」という言葉は、どのような経緯で生まれたのだろうか。

ニューヨークの世界貿易センタービル二棟やバージニア州アーリントンのペンタゴン（国防総省庁舎）といった米国の経済・軍事の中枢施設を狙い撃ちにした二〇〇一年の「米国同時多発テロ」（九・一一）事件からすでに二〇年以上が経過した。

世界を震撼《しんかん》させる映像とともに報じられたこの事件を契機に、翌一〇月には、首謀組織とみなされたアルカーイダの指導者ウサーマ・ビンラーディンの身柄引渡しを拒否し、同組織に訓練施設を提供していたとされたアフガニスタンのターリバーン政権打倒を目的にした「反テロ戦争」が実施された。この戦争とその後の混乱のなかで、アフガニスタンでは九・一一事件の死者数（約三〇〇〇人）の一〇倍以上に達する人的被害が生み出された。だが、当時のG・W・ブッシュ大統領率いる米国政権の「テロの根絶」を目指した強硬姿勢は、それで終わらなかった。アルカーイダだけでなく、「世界平和」を脅かす存在とみなした反米諸国へと、敵意の矛先を拡大したからである。その姿勢は、九・一一事件から一四〇日後の〇二年一月二九日にブッシュが発表した米国連邦議会向け「一般教書演説」で明らかになった。

その演説では、第一の目標に「テロリストの根絶」を設定しただけでなく、第二の目標として、「テロ支援国」の大量破壊兵器（WMD）開発による、米国と同盟国に対する脅迫行為の阻止が据えられた。そして、北朝鮮、イラン、イラクの三カ国が「危険国家」、すなわち「悪の枢軸 Axis of Evil」に位置づけられた。

たとえば、「北朝鮮はその市民を飢えさせながら、一方でミサイルと大量破壊兵器で武装した政権」であり、また「イランは選ばれたわけでもない少数者が自由を求める国民を抑圧する一方で、それら（WMD）を積極的に追い求め、テロを輸出している」と糾弾した。そして、「イラクは米国への敵意を誇示し続け」、「一〇年以上もの間、炭疽菌《たんそきん》や神経ガス、そして核兵器開発を企《たくら》み」、「毒ガスを使って自国民数千人を殺害し」、「国際的な査察に同意しながら、査察官を追い出し……文明世界から何かを隠しているのがこの政権である」と厳しく非難した。

そのうえで、「我らの同盟国を脅かし、米国を脅迫」するこれら政権の「いずれにも無関心であれば、代償として大惨事を招くことになろう」と警告した。

こうした非難が単に口先だけでないことは、イラクのサッダーム・フサイン政権を崩壊に導く〇三年三月のイラク戦争で明らかとなる。アルカーイダとの緊密な関係、秘密裏のWMD開発、国民を苦しめる独裁体制といった諸点が開戦理由として掲げられ、ロシア・フランス両国の強い反対を押し切り、武力行使を容認する国連安全保障理事会決議に依拠しないまま戦端が開かれた。確かに、サッダーム率いるバアス党（アラブ復興社会党）政権が独裁政権であったことは事実だが、残るふたつの理由に具体的な裏付けはなく、「言いがかり」でしかなかった。

特に、「悪の枢軸」演説で言及されたWMD開発の痕跡が結局発見されずに終わったことは、いかにこの戦争が米国の単独行動主義に発した恣意的かつ不条理な軍事行動であったかを物語る。当時の日本政府も十分な検証をせずに支持したこの戦争によって、イラクは戦後頻発するテロと不穏な政治情勢のなかで、アフガニスタンと同様に、多大な人的・物的被害を受けることになる。

加えて、ブッシュ政権の北朝鮮への対応もまた一方的であった。ABC（Anything But Clinton―クリントン政権の政策は継承しない）の立場から、従来の対北朝鮮政策が見直されると同時に、「悪の枢軸」認識に立脚し、平和目的であれ兵器開発目的であれ、北朝鮮の核開発計画は「完全に、検証可能で、不可逆的に廃棄」されなければならず、さらにNPT（核拡散防止条約）とIAEA（国際原子力機関）にも復帰しなければ、外交交渉の相手にもしないというのが、ブッシュ政権の政策となった。この政策に不満と不信感を募らせた北朝鮮は、核関連施設の封印を解除し、監視カメラを撤去して再稼働を始めた。また、先述のイラク戦争の強行が「重大な主権侵害行為」との連鎖的な恐怖心を北朝鮮に植えつけたことで、核兵器開発の「疑惑」を利用しようとするそれまでの姿勢から、核抑止力の確保を追求する政策への転換を北朝鮮に促す結果ともなった。それが北朝鮮による二〇〇五年二月の「核保有宣言」、そして翌〇六年一〇月の最初の核実験の実施へと連動していく。つまり、「悪の枢軸」演説やその非難のもとに展開されたイラク戦争と非妥協的な姿勢は、北朝鮮の核兵器開発を誘発する結果を生み、米国の東アジアにおける同盟国をさらに脅かす事態を招いている。

さて、この「悪の枢軸」という用語が、ブッシュ大統領のスピーチライター、D・フラムの着想に由来することは知られている。

フラムはサッダーム政権打倒の理由付けとなる簡潔なフレーズの考案を依頼されたという（だからこそ、イラク非難がより詳細でもある）。そして、一九四一年一二月七日の真珠湾攻撃によって、ドイツ、イタリア、日本からなる「枢軸国」（Axis Powers）が世界的脅威になった国際情勢が九・一一後の状況に類似していると考えた彼は、米国に反対する「憎悪の枢軸」（Axis of Hatred）という表現を提出した。これをチーフ・スピーチライターのM・ガーソンが「悪の枢軸」に書き換えた。それを受け、ブッシュ自身がその構成国にイランだけでなく、最後に北朝鮮を加えたという（Frum, 2003, p.238）。

つまり、「悪の枢軸」は、まずはイラク・サッダーム政権打倒ありきに始まり、米国の意に沿わない「危険視」された国家を一括《ひとくく》りにしようとの発想のもとで、「枢軸国」という歴史用語をヒントに編み出された。そこに「悪」なる形容を施したのは、八〇年代にレーガン政権がソ連を「悪の帝国」と呼んだことにも関係するかもしれない。そうした経緯があれば、「悪の枢軸」の構成国は、そのレッテルの発案・利用者側の思惑次第で変更、拡大されても不思議ではない。

実際、ブッシュ政権の国務次官J・ボルトンはキューバ、リビア、シリアを、またイスラエルはパレスチナのガザに拠点を置くハマース（イスラーム抵抗運動）を、そしてサウジアラビアはムスリム同胞団をそれぞれ「悪の枢軸」に加えた。その恣意性もあって、二〇一〇年以降に一部メディアでは、反イスラエル連合として、シリアを支援するイランを中心とした「抵抗の枢軸」といった呼称が用いられるようにもなる。さらに、二〇二二年二月にウクライナに侵攻したV・プーチン政権下のロシアや、その侵略を支援するA・ルカシェンコ大統領下のベラルーシ、そしてロシアの暴挙を自国の膨張主義的政策と重ね合わせ、対ロシア制裁に抗《あらが》う姿勢を示す中国まで、「悪の枢軸」に括られるかもしれない。こうした国際政治の展開のなかで浮上するこの言葉の意味を再考するならば、今後もなかなか消え去りそうにない。

本書の目的は、〇二年のブッシュ大統領の一般教書演説から二〇年以上が経過するなかで、「悪の枢軸」として指弾された、東・西アジアの安全保障を脅かし続ける北朝鮮とイランの「正体」（素顔）を明らかにすることにある。もちろん、これまでにも、それら両国を個別に取り上げた書物や論文は多いが、一冊のなかで両国を詳細に分析する試みは日本では皆無に等しい。個性豊かな歴史と文化に彩られ、独特の政治社会システムのもとで国家運営がなされていることから、ひとりの研究者がそれら両国を分析することはそもそも困難である。それゆえ、長年にわたって現地調査を続けてきた私たち二名がそれぞれの国を担当しながら、一冊の書物としてまとめた。そして、存外理解されないままにきた諸点を数多く盛り込み、レッテルやイメージ先行の理解とは異なる両国の姿を浮き彫りにしようと心掛けた。

まず、第一部では、「不可解で、何をしでかすか分からない国」とされがちな北朝鮮の国家・社会の内実を、「メタ・フィクション」という切り口から描き出すことを試みている。また、ひとりの特異な存在の君臨する国家社会主義体制、自主・独立（主体）を目指す外交、そして朝鮮半島の統一問題にも適宜検討を加えながら、分断国家として北朝鮮が誕生し歩んできたプロセスを明らかにする。さらに、北朝鮮にとっての安全保障に留意しつつ、核問題の展開を整理し、この国の政権の言動に見られる論理の特性を導き出し、そのうえで変化を余儀なくさせる「非核化」に対する耐久性という問題を考察していく。

第二部では、まず現在のイラン政権を呼称する際にしばしば用いられる「原理主義」を糸口に、その後一九七九年革命の歴史的背景を概観したうえで、多様な勢力によって達成された革命のイスラーム化、米国が「大悪魔」視された背景とその特質や「イスラーム法学者の統治」体制の構造的特質を検討していく。そして、カーターからクリントンまでの米国政権の対イラン政策の特徴や変化を取り上げたうえで、最高指導者ホメイニー没後に浮上し、激化していくイランの国内党派対立、さらに九・一一事件から「悪の枢軸」発言に至るその背景と影響を見ていく。それらを踏まえて、続く第五章では、二〇〇二年に急浮上するイランの「核兵器開発」疑惑の展開過程を、イスラエル・ファクターや、イランの「保守派」の攻勢との関わりを交えながら論述する。そして、終章では米・イ対立の複合的な性格とイラン内政への影響を検討し、「核兵器開発」疑惑を再考したあと、最後に「悪の枢軸」を超えて留意すべきイランの「正体」に関わる論点を整理することとした。

　以上からも分かるように、本書は北朝鮮とイランの二国間関係を検討するものではなく、「悪の枢軸」とみなされた両国それぞれの歴史を絡めながら、その「正体」への理解を深めようとするものである。

　裏を返せば、国際政治において主導権を発揮し、北朝鮮、イラン、イラクを「悪の枢軸」として描き出し、そのもとで政治的圧力だけでなく、軍事介入姿勢さえちらつかせる米国の「正体」にもおのずと迫ることになる。このような点も含めた本書の意図が少しでも浮き彫りになれば、私たち執筆者にとってはこのうえない喜びである。

Frum, David, *The Right Man: An Inside Account of the Surprise Presidency of George W. Bush*, Weidenfeld and Nicolson, London 2003.

目次

地図作成／㈱ウエイド　図版作成／MOTHER

第一部　北朝鮮の「正体」

――メタ・フィクションな国家・社会

福原裕二

北朝鮮とその周辺

地図作成：㈱ウエイド

朝鮮民主主義人民共和国（北朝鮮）

- 国土面積：約12.2万㎢（韓国は約9.9万㎢）
- 首都：平壌（ピョンヤン）
- 総人口：約2,500万人（韓国は約5,200万人）
- GDP：335億400万ドル（2019年）

第一章　内部で何が起きているのか？

ようこそ、北朝鮮へ

朝鮮民主主義人民共和国（北朝鮮）は、数ある国連加盟国のなかで、日本が唯一国交を樹立していない国である。そのことはもちろん、北朝鮮から見ても同様であり、一五〇カ国以上の国交樹立国・地域があるなかで、国交のない数少ない国のひとつが日本である。

このため、かつて日本のパスポートには、「すべての国・地域で有効」であることを記載した渡航先欄にカッコ書きで、「北朝鮮（朝鮮民主主義人民共和国）を除く」との「北朝鮮除外事項」が存在していた（一九九一年四月撤廃）。また、現在でも北朝鮮は、日本政府・外務省が「渡航自粛」を要請する国であり、その理由のひとつとして「国交もなく、在外の公館もない（ために政府が俊敏に対応できない）」ことを挙げている。*

＊外務省公式動画チャンネル内「北朝鮮への渡航自粛要請」（平成三〇年八月三一日河野大臣会見）、https://www.youtube.com/watch?v=ny_Lzd65ddU、二〇二一年一〇月一〇日アクセス。

だが意外にも、コロナ禍によって国をまたいだ移動が困難になるまでは、北朝鮮は訪れるのが容易な国であった。地理的な近さもあるが、国交がないにもかかわらず領事業務を代行する機関（朝鮮総聯《そうれん》）が東京にあり、北朝鮮観光を手配する旅行業者も複数存在したからである。また、一九九一年から七年間、直行便も運航していた。

こうして一般の観光のみならず、学術交流や文化・スポーツ交流、ビジネスを目的とした渡航も多く見られた。極端なことを言えば、現在仮にコロナ感染症を心配する状況でなく、渡航の意志とお金さえあれば、北朝鮮は明日にでも訪れることが可能な国なのである。＊

＊無論、北朝鮮を訪れるには所定の手続きとビザの取得が必須であり、思い立って数日で渡航できるわけではない。しかし、観光であれば必要な手続きとビザの取得は旅行社が代行してくれる。なお、北朝鮮観光の詳細は、礒崎敦仁《いそざきあつひと》（二〇一九年）を参照。

北朝鮮を訪れると、単身であろうと数十人規模の団体であろうと、招請機関から二名以上の

「案内員」が出迎えてくれる。招請機関というのは、外来者の目的に応じた滞在中の受け入れ組織のことである。観光客であれば「朝鮮国際旅行社」などの現地旅行社、ジャーナリストや研究者であれば「朝鮮対外文化連絡委員会」、「朝鮮社会科学者協会」などがこれに該当する。案内員は文字どおり、外来者の現地滞在中のガイド役であるとともに、監視役でもある。

ただ北朝鮮では、現地人であっても任意の自由な国内移動は制限されている。首都平壌市《ピョンヤン》の出入り可能なルートには至るところに、また道境や一部郡境（日本での県境や市の境目）にも、警備哨所《しょうしょ》や鉄製の簡易なバリケードが設置され、通過の際にチェックを受ける。

さらに後述するように、北朝鮮社会は組織（単位）による生活・統制により極度な縦割り社会となっているため、どんな施設や機関を訪れるにせよ、外部者の身元照会が待ち受けている。案内員はそうした現地での行動規制を緩和するための潤滑油的な存在でもある。

その案内員が監視役としての顔を覗《のぞ》かせるのが、滞在中の三つの留意事項を説明する時である。そのひとつ目は、「三大将軍」として北朝鮮の人びとの尊敬の対象であり続ける、金日成《キムイルソン》、金正淑《キムジョンスク》、金正日《キムジョンイル》と、現在の「敬愛する指導者」として君臨する金正恩《キムジョンウン》に対して不遜にあたる行動をしないようにということである。現地滞在中、彼らに言及する際は「主席」や「女史」、「委員長」など、敬称をつけること、彼らの銅像や肖像の撮影時には障害物を挟まずに全体を写すように努めること、さらに肖像が載っている印刷物等も粗末に扱わないといった要望も含まれる。*

＊この第一部の記述では、特に論述上の必要がない限り、敬称は略させていただく。

北朝鮮において金日成は、「建国の父」であるとともに、ほぼ五〇年にわたって党や国を導いてきた英雄である。金正淑は金日成の妻であり、夫とともに「抗日戦争」を戦った「革命の母」と呼ばれる女傑である。金日成・金正淑の子息である金正日は、父親亡きあとのもっとも北朝鮮が政治・軍事的、経済的な逆境にあった時期に、指導者として国家再建を図った英傑である。その後継の指導者が子息の金正恩である。北朝鮮での彼らの政治・社会的な位置づけからすれば、せめて現地では彼らへの不敬な言動を慎んでほしいというのも分からないではない。

留意事項のふたつ目は、建物の建設中の現場の撮影や立ち入りをしないでほしいということである。これは、観光客を含む外来者の受け入れ目的が、多面的な交流や外貨獲得にあるとともに、体制宣伝という意味合いが強いことにも関連する。つまり、未整備の場所を外部にさらしたくないという理由からである。このため、長短併せてありのままの北朝鮮の姿を知りたいと、辺り構わずカメラや好奇の視線を向けることに、案内員はピリピリする。案内員の任務はあくまで体制が優れていることを外来者にガイドすることであり、不要なトラブルは回避したいからである。また、建設中の建物のなかには、党や国が隠したいと考える建物が含まれる場合もある。

三つ目は、軍人にカメラを向けたり、みだりに話しかけたりしないでほしいということである。北朝鮮で軍人は、党や国家を保衛し、畏怖される存在である。現地の人でさえ、顔見知りでもなければ敬して遠ざける。任務を遂行中かもしれない軍人から外部者を遠ざけるのも、監視役としての案内員の重要な任務となっている。

こうした「すべての道はローマに通ず」式の注意を払いつつ、滞在が始まる現地では、多くの場合、招請機関が準備した車やバスで移動する。目的によっては徒歩やタクシー、トロリーバスや路面電車、鉄道、航空機などを利用することもある。いずれにしても、移動中や訪問先でしばしば目にするのは、金日成と金正日の銅像やモザイク画、それらの肖像・業績を刻んだレリーフ、壁文字、壁や掲示板に貼り出されたポスター類、永生塔と呼ばれる立派な石柱などである。それらは大小さまざまで多種多様な形態を持ち、北朝鮮のどんな街角や地域にも点在している。*

*なかでも永生塔は、北朝鮮の主要な都市の中心地にそびえ立っている。その塔には、「偉大な金日

成同志と金正日同志は永遠に我々とともにおられる」という文字が刻まれている。

たとえば、北朝鮮の各道や各市の中心街には、数メートル規模の銅像をはじめとするモニュメントが設置されている。また、各道の道庁所在地には、三大将軍及び金正恩の「革命」業績と「建設」業績を称《たた》え、それらを人びとに周知徹底することを目的とした「革命事績館」が配置されている。

こうした施設は地域を網羅しているだけでなく、予算単位機関（党や国が予算を投じ運営する組織・施設）である教育・研究機関をはじめとして、生産単位機関である企業所や工場、農場といった職場にも設置されている（それらは「事績教養館」、「沿革紹介室」などの名称である）。さらに、教育機関、企業所や工場では、街路からもっとも目立つ建物の上部やその機関の中心的な建物の入口に、金正恩や党の恩恵を示すスローガンが掲げられている。

たとえば、義務教育機関である幼稚園や小学校の入口には、「敬愛なる金正恩将軍さまありがとうございます」の定型句があり、とりわけ小学校の校舎入口には、「私たちは幸せです／朝鮮のために学ぼう」のスローガンが目を引く。また高級中学校には、「敬愛なる金正恩将軍さまの忠実な子弟・子女になろう」とのスローガンが必ずある。現地に不案内な外来者でも、そうしたスローガンを見れば、そこがどんな施設なのか見当をつけることができるほどである。*

*大学、党や国の役所などでも、指導者や党の配慮に感謝するスローガン、指導者を直接に宣揚するスローガンが建物入口に掲げられている。構内に入れば、より具体的な党の政策決定に関わるスローガンや競争図表（その機関が定めた計画目標への部署ごとの達成度をグラフ化したもの）なども目にすることとなる。それにより、組織の性格や成果の度合いがひと目で分かるようになっている。

ここまで、外来者が現地で頻繁に接触する案内員や、よく目にする光景のことを語ってきた。これによって、やはり北朝鮮は不自由で特異な国との印象を持たれたかもしれない。しかし、たとえ表面的であっても、案内員の言動からうかがえる役割や目にする情景を手がかりに、北朝鮮がいかなる社会的特徴を有しているかを探っていきたい。

まず、案内員は先述のごとく、ガイドという外来者に奉仕する役割と、異なる文化を持つ外来者と現地社会との間でトラブルが発生しないように、仲介・監視する役割に対して大変忠実である。時に彼らは、現地社会の許容範囲内で外来者のわがままな要望に応じたり、また外来者の行動規制や現地社会への不満のはけ口にもなったりする。その一方で、昼夜を問わず外来者に同行し、逸脱した言動を行わないように注意の目を光らせる。それが案内員の任務であり、指導者や党が強調する「一心団結」の社会構成のなかで、自らの立場や生活を守ることにつながる。滞在中、外来者が問題を引き起こすことなく、安全・安心に過ごし、北朝鮮が優れた体制であると外来者に認識させることが彼らの使命であり、それが党や国への忠誠を示すことになるのである。

表層的に目にする情景からは、第一に三大将軍及び金正恩が圧倒的な存在感を誇り、尊敬の対象として特別な地位を得ていること、第二にその存在に対する人びとの忠誠と献身が当然の前提となっていること、そして第三に指導者が「領導」する党（朝鮮労働党）の政策決定に対する有無を言わせぬ実行と実践が人びとに要求されていることを汲《く》み取《と》ることができる。さらにうがって言えば、そこには次のようなことも含意されているようである。

すなわち、三大将軍及び金正恩が指導者であってこそ、北朝鮮という国家が建設され、その後発展・存立してきたのであり、その指導性や業績を疑うことは許されない。したがって、その国家の一員である人びと（人民）は、彼らの指導性や業績を崇敬しつつ、自らの立場でこれらを咀嚼《そしやく》し、忠誠と献身を示さなければならない。具体的行動としては、指導者が率い導く党の政策決定を、人びとは自らの職務に取り込んで役割や任務を定め、それに全力を傾けることになる。

そのような「指導者—党—人民」間の「一心団結」という思考・行動様式の実現がなされてこそ、国が追求する理想の社会が実現されるというものである。案内員が自らの職務に忠実であるのもこのためであろう。外来者から見れば、一種の「フィクション」のように映るとしても、こうした現実は北朝鮮国内では当然視されることである。

「メタ・フィクション」という視角

その意味で、当為でもありながら、一種のフィクションにも映るこの思考・行動様式やそれを要請する論理を絶対視し、実践する「メタ・フィクション」な国家・社会が北朝鮮の特徴ではないかというのが、私の基本的な考えである。それでは、この当為・フィクションと思われる思考・行動様式は、具体的にいかなる内容で構成され、北朝鮮においてどのように周知・教化され、また徹底化されているのだろうか。

それを説明する前に、誤解を避けるためにあらかじめ断っておくと、ここで用いる「フィクション」とは、虚構や空想の類いではない。「北朝鮮という特徴的な空間のなかで、理性的に現実可能な目標として定められたもの」くらいの意味である。それは北朝鮮をめぐる状況や時の移り変わりとともにリアリティを生じさせたり、理想に近いものとなっていったりする。また、「メタ」とは、たいていあるものの意味や効果を超えて、別の意味や影響力を有するようになることを示す接頭辞であるが、ここでは各々の時点で「フィクション」が実現可能か否かにかかわらず、北朝鮮という空間では疑いなく追求されうるものとなるという意味で用いることにしたい。すなわち、「メタ・フィクション」とは、簡単に言えば、「こうであるべき」という「フィクション」（当為）に向かって、疑義を許さずあらゆる人力や資力が集中的に動員される状態が支配するさまだと考えておこう。

　さて、北朝鮮は、次章で詳述することになるが、ある目的を達成するためだけに建国された「未完成な」国家であるといっても過言ではない。その未完成な国家を完成させるための大まかな方策が、国家を指導する立場の朝鮮労働党の党規約（前文）に、次のように記されている。

> 当面の目的は、共和国北半部で社会主義強盛国家を建設し、全国的範囲で民族解放民主主義革命の課題を遂行するところにあり、最終目的は、全社会を金日成・金正日主義化して、人民大衆の自主性を完全に実現するところにある。

先に、北朝鮮が未完成な国家だと述べたのは、党規約で「当面の目的」、「最終目的」と段階的に目的が設定されているなかで、いまだ「当面の目的」を追求している状況だからである。その状況を克服し、「最終目的」が実現されてこそ、完成した国家になると考えられている。また、北朝鮮の認識では、現状は「共和国北半部」の統治に止《とど》まっており、これに対応する「共和国南半部」とは韓国のことを指している。そして韓国は共和国（北朝鮮）が包摂すべき領域であると捉えている。したがって、党規約中の「全国的範囲」、「全社会」とは、朝鮮半島全土を視野に入れた社会という意味となる。

さらに、詳しい説明は省略するが、「社会主義強盛国家」とは、「自衛に必要な軍力を誇り、人民と指導者・党（首脳部）の一致団結的結束、現代的科学技術に裏打ちされた活力ある経済力を備えた、世界にうらやむものなく生きる強大な国」ということであり、その建設もまた途上にある。「民族解放民主主義革命」とは、北朝鮮は日本による植民地支配からの解放後、自国（共和国北半部）は脱植民地国家を形成したものの、「共和国南半部」では米国帝国主義の進駐によって植民地と堕して韓国という疑似国家が建てられたと認識し、それゆえ南半部の民族を「解放」して、民主主義的な北半部が包摂すべきだという考えを前提にする。そして、その包摂（統一）こそが革命の核心であると定め、その革命（北朝鮮では「南朝鮮革命」と呼ぶ）を進めている中途にある。

つまり、未完成な北朝鮮という国が建国以来現在まで進めているのは、社会主義（強盛）国家の「建設」と、韓国を自国のもとに統一しようとする「革命」であり、その実現のためだけに北朝鮮が形成されてきたと言うことができる。この「建設と革命」という党規約に記された目的こそが、「フィクション」の核心である。

このように、北朝鮮は「建設と革命」を行うためだけに邁進《まいしん》してきた国家である。したがって、建国に多大な投資と影響力を及ぼしたソ連の政治・経済体制を国家の基本的な枠組みとして取り込みながらも、「建設と革命」を遂行する党・国家を率い導いていく無謬《むびゅう》な指針上の存在（指導者）に加え、その遂行に寄与するか否かのみを基準にした選別社会とその徹底化を図るための装置も、おのずと必要となった。

その無謬な指導者が北朝鮮という国を建て、「偉大な首領」と呼ばれる金日成、その後継者で「親愛なる指導者同志」と形容される金正日、そして「敬愛する指導者」として現在の党・国家の指導を引き継いだ金正恩である。彼らは「建設と革命」に身命を賭して指針を与え、その遂行を指導するために、党の首班（朝鮮労働党総秘書）、国政の首班（国務委員会委員長）、軍の首班（朝鮮人民軍最高司令官）を兼務する。

その地位と権限は「ノン・フィクション」である。だが、北朝鮮は、彼ら指導者を軸に家族を模した統治の仕組みと有機体的な指令の流れを構想した国家である。指導者は父であるとともに脳髄の役割を有し、党は母であるとともに神経や血流の役割を果たし、人民は子であるとともに一つひとつの細胞やそれが集まった器官の役割を有しているとして、「指導者―党―人民」間のつながりを説明づける。そのことは、ここで言う「フィクション」である。

したがって、党や人民は、無謬な存在を核として日々迷いなく「建設と革命」に寄与することが求められる。つまり、「メタ・フィクション」な社会の住人として包摂されるということになる。そうした指導者の地位や無謬性が、現地で目にする情景や各地・各所に点在している事績館などの施設に表現されている。そして、それらを横目に北朝鮮の人民は、「建設と革命」の名のもとに与えられた職務や役割を日々忠実にこなしつつ、指導者・党への忠誠と献身を示すことで、「メタ・フィクション」な国家・社会での実践を深めていく。

また、北朝鮮は「建設と革命」を遂行するための国家であるから、それに寄与するか否かを判断基準とする選別的な社会を作り出すようにもなる。言い換えれば、国民の衣食住や教育、職場、医療、福祉まで国家が保障する社会主義体制下で、「国家と社会の主人となった労働者、農民、軍人、勤労インテリをはじめ勤労人民の利益を擁護し、人権を尊重し保護する」（憲法第八条）。しかし、国家と社会の主人となれない者、すなわち「建設と革命」に寄与しない者は利益を享受できないし、人権の保護や尊重の対象にならないということになる。このことによって、人びとは「メタ・フィクション」な社会の成員であることを否応《いやおう》なく自らに内面化させていく。逆に言えば、指導者や党・国家は、「建設と革命」に邁進すべく設定された思考・行動様式からの人民の離反をもっとも危険視し、選別的な社会とそこでの統制機構を形成することによって、そのもっとも注意を差し向けるべき思考空間から離反することの恐怖へと人びとを押し込めようと努めてきたと言える。

誰が「建設と革命」に寄与するのかという判断・選別は、国が保管する住民登録（家系票）の出身成分（父親の労務関係の区分）と社会成分（本人の職業区分）に基づいて、党が個人の成分調査を行うが、その詳細はブラックボックスのなかにある。

さらに、「建設と革命」の遂行、その遂行のための核となる指導者の存在と、「指導者―党―人民」間の関係や役割、そして遂行如何《いかん》を判断基準とする社会を徹底していくための統制機構（装置）が人びとを覆っている。その装置の根幹が、党組織を中心に構成されている組織の網である。党は中央党を頂点に、その外郭団体や政府・各省、市・道、郡、里、洞事務所などの行政機関をはじめ、予算単位機関、生産単位機関、居住単位の住民組織である人民班、警察（社会安全省）や公安（国家保衛省）、軍隊などの統制・軍事組織も含め、指導体制を敷いている。そこでは、責任秘書を上部に党秘書・党副秘書、部門党・職場党秘書、細胞秘書などに階層化された党活動家を通じて、指導者・党の意思が末端まで伝達される仕組みとなっている。

また、人びとは職場や学校に組織されている各種団体、*人民班などをもとに、誰もがいずれかの組織に所属し、それを通じて「組織生活」と呼ばれる集団管理が施される。その組織生活からの離脱は、憲法（第八条）に言う「国家と社会の主人」になっていないものとみなされ、国家の保護が受けられないだけでなく、動静を集団で監視されたり、収容・隔離されたりする。そのほかにも「メタ・フィクション」な国家・社会を成立させ維持するための装置は、「主体《チュチェ》思想」というイデオロギーや、組織生活のなかで展開される「学習・生活総和」などがある。加えて、物理的な暴力も効果を発揮しているが、詳細は不明である。

*そのなかで職場に組織されている勤労団体には、「朝鮮職業総同盟」、「朝鮮農業勤労者同盟」、「朝鮮社会主義女性同盟」があり、「社会主義愛国青年同盟」（社青。高級中学校五年生から三〇歳まで）を三〇歳で脱会し加入する。また、「社青」の前段階の組織として「少年団」（小学校高学年から高級中学校五年生まで）がある。

他方、統制・管理の側面が顕著なものだけでなく、人びとにインセンティブを与える側面の装置もある。それが等級制度と競争である。等級制度は、一般労働者や機関に所属する勤労者個人、企業や機関などの組織も格付けし、その等級に応じて、給与や配給などの待遇差を設けるという制度である。一般労働者は作業内容や技能などに応じて一級から八級、機関に所属する勤労者は経歴や技能などに応じて一級から六級まで格付けされる。昇級時や特に業務成績が良いと認められた際には表彰され、休養券（保養施設やアミューズメント施設などの利用券）や汽車票（旅行券のようなもの）などの発給を受けるようである。*また企業や機関、組織なども規模や人員数、職務内容や生産活動の重要度に応じて特級、一級から六級までのランクがあり、昇級すれば機関配給量が増え、国家からのエネルギー・資材供給も優遇されることになる。

*こうした等級制度のほかに、日本人拉致被害者の蓮池薫《はすいけかおる》さんによれば、勲章授与の制度もあり、労働者の場合、等級が低い順から功労メダル、国旗勲章三級、同二級、労力勲章、国旗勲章一級があり、国旗勲章一級はひとつで退職後に現役時の給与の六〇パーセントと一日六〇〇グラムの配給米が支給される。労力勲章はふたつで国旗勲章一級と同等だそうである。さらに、最高の栄誉とされる金日成勲章や英雄メダルを受勲すれば、給与も配給も現役時と同じ額・量が一生支給される（蓮池薫、二〇一二年、五〇～五一頁）。

また、意外かもしれないが、北朝鮮はさまざまな場面でかなり競争的な社会である。学校で成績が貼り出され、模範的な学習態度であったり、各地で催される数学競技、展覧会などで優秀な成績を収めれば、それも掲示板に貼り出されたりする。一部のエリート学校だと考えられるが、受験競争も見られ、両親や祖父母は受験期の子どもに家庭教師をつけたり、栄養価の高いものを食べさせたりと、気遣いする。職場で競争図表が掲示されることを先に述べたが、それだけでなく、どれだけ読書をしたかなどを職場内で競っている図表の掲示を目にしたこともある。読書は職務外の学習・思想教化の一環であり、個人や職場内の各単位（部署）、企業や機関を競わせることで能力の発揮や団結力を期待するとともに、待遇上昇の機会を与え、インセンティブの向上につながるに相違ない。

以上のように、北朝鮮は「建設と革命」という「フィクション」並びに、その追求を目指し構築された「指導者―党―人民」間の関係とその関係性のなかで要請される思考・行動様式という「フィクション」に覆われつつ、その貫徹が現実の社会空間で実践されている「メタ・フィクション」な国家と考えられる。人びとの生活や暮らし、国家が施す教育や生産活動、核兵器・ミサイル開発、それらをめぐる対外交渉・行動も、「メタ・フィクション」な国家・社会の論理に集約されていると言える。

「社会主義強盛大国」の希望をつなぐ

北朝鮮は、「建設と革命」の実現に向けて、その成否を左右する絶対的な指導者のもとで、人民が日々迷いなく（迷うことを許されず）、自らの職務や役割をまっとうする「メタ・フィクション」な国家・社会を形成し現在に至っている。指導者や党はそうした「フィクション」を「メタ」とするための論理（思考・行動様式）と装置（網状のような組織とそのもとでの組織生活）を綿密に組み上げてきた。その成員たる人びとは、恒常的な窮屈さや時に不条理な上意に不満を抱きつつも、半ば諦め、半ば積極的に「メタ・フィクション」な空間で最大限の自己実現を図るべく奮闘していると思われる。

そのことを実感したエピソードがある。私が北朝鮮のある連合企業所を訪れた際、そこでの案内や「社会主義企業責任管理制」の聞き取り調査に付き合ってくれた男性（元技師長）から突然、「あなたの言動を見聞きしていると、大変そうだなあと感じます」と指摘された。私は虚を突かれた思いで、「何が大変そうに見えますか」と聞き返したところ、その男性は、「私たちの国のことを熱心に勉強してくれるのはうれしく思うが、わざわざこんな遠い外国のことを調べに、自分で計画を立ててお金を払って来たのでしょう。私たちは自分の国で、首領さまや指導者同志さま、委員長さまのお示しくださったとおりに一生懸命働いていれば、面倒もお金もかからない」と返答したのだ。私は怪訝《けげん》な面持ちで、「大変失礼だが、それは建前でしょう。たいてい誰でも海外へ行ってみたいと思ったり、お金はないよりもあった方がよいと思ったりするものではないですか」と反問した。すると、彼は「いや、そういう意味ではなくて、何でもかんでも自分で考え決めて、他人の助けなく自ら差配・行動するのが、あなたを見ていて大変そうだなと。私にはそうした考えはないし、自分に合わないと思うから、聞いてみたというわけです」と弁解した。

私はあっけにとられながら、それでも反論しようとしたが言葉がついて出ず、「全然大変ではないですよ」と苦笑いで答えただけだった。内心では、北朝鮮社会は何かと不自由だから、あなたこそ大変そうではないかとの思いだった。しかし、北朝鮮の人びと、いや少なくとも元技師長は、私のそうした「当たり前」から発する言動を大変そうだと考えている。言い換えれば、所与の絶対的で抗えない思考・行動様式が存在し、そこでの自らの生業（職務や役割）も指導者や党から与えられている生活空間を「当たり前」だと考え、その空間のなかで組織生活を通じて他人と相互依存しつつ懸命に働くことを大変だと思うことはないということだろう。それは単に個を抑圧したり、自由な思考や行動を束縛したりしている社会に飼い慣らされているだけだろうとの批判は当然頭をもたげるものの、それもあくまで外部者の勝手な決めつけであり、それを元技師長（北朝鮮の人びと）に問いただすのは酷かもしれない。

そのように、「当たり前」が異なる社会での人びとの「ホンネ／タテマエ」の所在は捉えどころが難しい。仮に、社会が要請（強要）する思考・行動様式と自らのホンネが抵触する場合、そのホンネを周囲に匂わせればただちに組織生活のなかで暴き出され、執拗《しつよう》な批判を受けるか、社会からの逸脱者とみなされるからである。北朝鮮の人びとは、この思考・行動様式の許容範囲を見極めることに対して実に鋭敏であり、「ホンネ／タテマエ」は自らの生活に影響を及ぼしうる思考・行動パターンに対して積極的に順応するか否かであって、そこでのホンネでさえ押し殺すだけでなく、それ自体考えないようにしているのかもしれない。

ところで、そうした「メタ・フィクション」な国家・社会にかつて激震が走ったことがある。それは、一九九〇年代半ばから後半にかけて起こった。その契機は、冷戦を終結に向かわせた旧ソ連・東欧諸国の変動・自壊に起因する外患と、経済不振、食糧不足、さらに「建国の父」金日成の死去という内憂だった。これに先立つ八〇年代半ばには、すでに経済不振の兆候が自覚されるまでになり、対外貿易の活性化と国内開放化政策に舵《かじ》を切ろうとしていた。その矢先に、主要な貿易相手国であった旧ソ連・東欧諸国を喪失する形となり、特に九〇年代初頭の対ソ貿易の激減は、エネルギー供給の面で過酷な打撃を受けた。

　また、エネルギー不足による国内企業の稼働率の低下に加え、冷水害の天災が襲い、全般的な生産活動の停滞のみならず、深刻な食糧不足も発生した。このため、食糧や生活必需品の供給が困難となり、「メタ・フィクション」な国家・社会の前提となるべき国家の人民に対する利益擁護・生活保障が有名無実化する事態となった。それに追い打ちをかけたのが、長年北朝鮮の指導者として君臨した金日成の死去（九四年七月）であった。

　こうした国家の危機に対して、後継者の金正日は、指導者・党がなければ国家はなく、国家がなければ「建設と革命」や人民もないとして、「体制の守護」を第一義とするための軍事優先的な「先軍政治」という非常事態体制を敷いた。言い換えるなら、「メタ・フィクション」な国家・社会における統制の網に、軍を中心に警察、公安を重層的に取り込み、「建設と革命」に代わる体制の守護を徹底させるために、従来の装置をより強化することを目指したのである。だが、一部のエリート階層や装置を維持するために党が養う活動家、そして先軍政治によって庇護《ひご》される人びと以外は、実質的に国家からの生活保障を受けられなくなり、路頭に迷うこととなった。

　その結果、この時期には約二〇〇〇万の人口でありながら、数十万人の中国への越境者や同じく数十万人の餓死者を生み出すことになった。それ以外の人びとは、死線をさまよいつつ、あらゆるつてを頼って助けあったり、蹴落としあったり、闇市や個人間取引を利用したりしながら食糧・物資を確保し、何とか既存の社会に踏みとどまろうとした。そこでは、組織生活の徹底や人流の管理は弛緩《しかん》し、国家は闇市での取引や食糧などの横流しといった違法行為を黙認するしかなかった。

その結果、北朝鮮は一時期、国家財政やあらゆる経済指標の発表すらできず、金日成亡きあとの「ノン・フィクション」な地位に金正日がしばらく就けないほどに国家は憔悴《しょうすい》した。だが、「苦難の行軍」と称される危機克服キャンペーンが終了する二〇〇〇年には、国際機関や諸外国からの支援、対外関係の再編努力や先軍政治という非常事態体制のなかでの経済改革など、内発的努力が一定の効果を発揮し、危機的状況を脱却するのに成功した。その後の金正日指導下では、既得権との衝突による揺り戻しや失敗とみなされる対応が生じたものの、物価と賃金の大幅な改革を骨子とする「経済管理改革措置」(〇二年)や、初歩的な市場の性格を持つ「地域市場」の設置(〇三年)が講じられ、また対外経済関係も回復し、徐々に経済成長率はプラスへと転じた。

しかし、二〇一一年一二月、以上のような窮地を救った金正日が死去した。金正恩を後継者とする準備は、二十余年にわたった父親（金正日）の場合より極めて短期間であったが、対外的孤立、経済的危機はすでに過去のものとなり、年内には金正恩指導体制が発足した。彼の生年は一九八四年（一月八日）とされており、そのとおりであれば、弱冠二七歳で指導者の座に就いたことになる。金正恩は就任早々の談話で、「総書記（金正日）の遺訓を寸分たがえることなく、……無条件貫徹することが私の確固たる意志」であるとして、従来の姿勢堅持を表明したが、他方で「総書記の遺訓を貫徹するうえでもっとも重要かつ先行する問題は、人民生活を向上させること」にあるとも語っている。

実際に、金正恩は別の談話で、平壌市を「革命の首都」として世界的な都市に変貌させるとともに、「道都をはじめ地方都市と農村の村落を地方の特性にそくして整備すべき」だとし、「倉田通り」、「未来科学者通り」、「黎明《れいめい》通り」などの大規模な住宅街をはじめ、病院、保養・福祉施設、文化・体育・遊戯施設などを平壌市に続々と新設した。同時に、地方にも新たな農場や果樹園、水産加工場などと並んで、保養・福祉施設を建設している。

そうした指導者就任以来一貫する、人びとの実益に関わるハコモノの建設を通じて、金正恩は分かりやすい人民生活の向上感を演出し、父親の遺訓に応えようとした。また、印象だけでなく、「経済建設と核武力建設を並進させることに対する新たな戦略的路線」（二〇一三年三月）や「圃田《ほでん》担当責任制」をはじめとする「社会主義企業責任管理制」の導入による生産活動の活性化措置、生産の実状や生産体制の実態に沿って立案されたとする経済計画、さらにそれらの実行に見合った国家経済の内閣への権限集中、地方への一定の権限移譲といった体制改編によって、実質的に生産活動を軌道に乗せ、生活向上感の醸成を図ろうとしている。

加えて垢抜《あかぬ》けた容姿の李雪主《リソルジュ》（妻）の、金正恩の現地視察・記念行事参加などへの帯同、党・国家幹部への中堅・若手世代の登用といった世代交代、金正日が敷いた非常事態体制（先軍政治）の党主体の常態体制への再編とともに、最高意思決定の分業化、「人民大衆第一主義」政治の定式化、情報統制の制約のもとでの最大限の情報公開・発信、後述する「自衛的な核武力建設、ミサイル開発」の進展とそれらを背景にした対外交渉など、若き指導者ゆえの斬新さや果敢さなどを前面に打ち出し、「メタ・フィクション」な社会に生きる人びとが迷わず職務や役割に邁進するに足る期待感を醸し出そうとしている。

北朝鮮の人びともまた、現在のそうした「変化」を敏感に感じつつ、漸進的ながら社会の向上を図ろうとする指導者・党・国家の尽力を自らに重ね合わせ、「社会主義強盛大国」の希望をつないでいるようである。

外部者から見れば、そうした「メタ・フィクション」な国家・社会は分かりにくく、奇異に思えるかもしれない。しかし、それを一方的に異質化し、上から目線で嘲笑・嫌悪するのではなく、そうした国家・社会が成立するに至った背景や理由、その国家・社会の論理や主張を十分踏まえることが、北朝鮮を理解するための出発点となろう。

第二章　理想と現実のズレ

北朝鮮の成立と朝鮮戦争

一九四五年八月、アジア太平洋戦争での日本の敗戦によって、日本の植民地統治下にあった朝鮮半島は解放された。解放後に韓国と北朝鮮が建国されたのは、四八年八月と九月のことである。解放から建国までに三年間のブランクが存在する。それが、北朝鮮という国家（もちろん韓国という国家も同様）成立の直接の背景となるのだが、その過程には何があったのだろうか。

アジア太平洋戦争中の一九四三年、日本と戦火を交えていた連合国は、「カイロ宣言」（一二月）において、「朝鮮人民の奴隷状態に留意し、やがて朝鮮を自由かつ独立のものとする決意を有す」との認識を示している。日本による朝鮮半島の植民地支配は、そこに暮らす人びとを奴隷状態としているものであるから、連合国が日本に勝利し植民地支配を終結させた暁には、自由と独立を与えねばならないと決意していた。ただし、この時点では、植民地支配終焉《しゅうえん》後のいつ、どのように、またどんな形で独立させるかについては不明のままであった。同年一一～一二月の連合国代表によるテヘラン会談では、ソ連のスターリンが朝鮮独立を確認したものの、完全独立までには「準備期間が必要」としており、連合国が解放後ただちに朝鮮を独立させる考えにはなかったことが分かる。

連合国の朝鮮半島におけるより具体的な戦後構想が明らかになったのは、ヤルタ会談（四五年二月）での米ソ首脳の協議であった。米国ローズヴェルト大統領は、「朝鮮について……信託統治を考えている」と語った。また、「朝鮮の場合には、二〇年から三〇年ほどの期間でよいかもしれない」と信託統治の期間に言及し、これに対してスターリンは、「信託統治の期間は短ければ短いほど望ましい」と応じたという。

つまり、連合国は日本との戦争終結までに、朝鮮半島をいずれ独立させるが、そのためには準備が必要であり、一定の期間、秩序維持や民事行政の育成を行ううえで連合国の軍政を前提とした信託統治の実施が緊要との腹を固めていた。もちろん、このことはいまだ漠然とした構想であり、日本支配下の朝鮮半島の人びとの与《あずか》り知らぬことであった。

朝鮮半島の解放後、その漠たる構想どおりに連合国が進駐することになるが、その際に朝鮮半島の人びとにとって不幸であったのは、北緯三八度線を境界に、北部朝鮮はソ連軍が、南部朝鮮は米軍が分割・占領したことである。周知のように、日本が連合国に対して降伏を決断しようとしていた矢先、ヤルタでの密約に基づいてソ連が対日参戦し、朝鮮半島の最北端にまで進軍していたからである。このため、朝鮮半島での日本軍の降伏受理に際してはソ連を考慮に入れないわけにはいかなかった。こうした考慮が働いた北緯三八度線という境界は、日本の無条件降伏を察知した慌ただしい状況のなかで、米軍の将校が短時間で提案したものであった。*信託統治構想に加え、米ソの分割占領となったことが、その後の命運を決したと言ってよい。だが、事態はさらに朝鮮半島の人びとの望まぬ方向に進んだ。

＊米ソが分割占領を行う際の境界線（正確には、日本軍の降伏受理の境界線）は、ソ連が許容できる範囲でもっとも北方での線引きが意図されたが、首都ソウルが米軍の占領担当地域に含まれることから、北緯三八度線が選択された。なお、その決定は、米軍の担当者が壁掛けの地図を睨《にら》み、三〇分ほどで下されたという。

朝鮮半島の人びとに五年間を期限とする信託統治という連合国の方針が知らされたのは、解放された年の年末であった（四五年一二月の「モスクワ協定」）。人びとは現地の政治勢力とともに大規模な反対運動を展開したが、占領主体（米ソ）の既定路線であり、まったく意に介されなかった。それどころか、米ソの間では、信託統治のもとでそれらとの協議に参画し、将来的に統一国家を担う現地の代表組織（臨時朝鮮政府）への参加資格をめぐって深刻な軋轢《あつれき》が生じ、信託統治構想は破綻し始めていた。このため、北部・南部朝鮮地域のそれぞれで、ソ連軍・米軍が積極的に介入し、政権機関が形成される事態ともなった。

四七年七月、信託統治構想を話しあう第二次米ソ共同委員会が決定的に決裂し、米国が朝鮮半島の独立問題を国際連合（国連）に付託した九月時点では、北部朝鮮には事実上の政府機能を有した「北朝鮮人民委員会」が組織され、南部朝鮮でも過渡立法議院の発足とともに民政長官が任命され、民事行政が独自に進められるようになっていた。米ソの協調行動が雲散霧消した時点で、朝鮮半島における統一した独立国家の形成は絶望的となっていたのである。

その後、朝鮮独立問題の付託を受けた国連は、「国連臨時朝鮮委員会」（ＵＮＴＣＯＫ）を設置し、その監督下に選挙を実施し、議会を構成して統一政府の樹立を図ろうとした。だが、米国の意向に沿った国連の決定をソ連が容認するわけはなく、また政権機関の組織化において先行する北朝鮮人民委員会が人口比で不利な選挙に同意する理由もなく、結局国連監視の選挙は

「立ち入り可能な朝鮮地域内」のみで強行された*。

*北部朝鮮は、UNTCOKの三八度線以北への立ち入りを拒絶し(四八年一月)、このため南部朝鮮のみで選挙を実施するが、単独政府の樹立に対する反対もあり、二〇〇の選挙区のうち、二選挙区では選挙を実施することができなかった。

南部朝鮮ではその結果を受けて、制憲国会が召集され(四八年五月三一日)、憲法の採択(七月一二日)と大統領の選出(七月二〇日)を経て、韓国の樹立が宣言された(八月一五日)。他方、北部朝鮮では、韓国の樹立を横目に、最高人民会議代議員選挙を実施し(八月二五日)、南北の人口比に基づいて、北部朝鮮では「二一二名が当選」し、南部朝鮮では「南朝鮮全有権者……の七七・五二パーセントが参加した」選挙を通じて「三六〇名」が選出されたとし、それら代議員からなる最高人民会議が開催され、その会期中に金日成が首相に選出され、北朝鮮が創建された(九月九日。『朝鮮中央年鑑』一九四九年版)。

以上の分断国家の樹立過程から分かるように、分断そのものや異なるイデオロギーを有する国家の並立は、連合国を代表する米ソの拙速な構想とその後の構想破綻を招いた両国の対立、そして積極介入による政権づくりの所産であると言える。また、そうして誕生した分断国家は、米ソが競合して後押しし、いずれも自らの支配する地域で樹立した国家が、朝鮮半島で唯一の正当性を持つとしたことにより、自国が相手方を併呑《へいどん》する形での統一を当然視する国家の至上命令を胚胎《はいたい》することとなった。つまり、韓国も北朝鮮も、統一という大事業を完成させるために樹立された国家であると言うことができる。

したがって、韓国・北朝鮮の国家意思を一身に背負うこととなった双方の首班が、いかなる手段を用いてでも統一実現を目指そうとしたのは当然の成り行きだった。韓国の初代大統領李《イ》承晩《スンマン》は、「軍を増強し、彼らに武器を与え、短時間内に北進したい」（四九年二月八日）と述べ、「韓国はひとつの肉体が両断されたのと同じだ。もはや長期間の分裂を容認しない」（四九年一一月二日）と主張した。また、北朝鮮の金日成は、「（戦争以外）朝鮮問題の解決には他に方法がない」（四九年八月一四日）と語り、「解放と国家統一が長引く場合、私は朝鮮人民からの信用を失いかねない」（五〇年一月一七日）と吐露した。こうして、朝鮮半島に膨大な被害、禍根、対立の枠組みを残すことになる朝鮮戦争が勃発した。

朝鮮戦争は金日成の「民主基地」論に依拠しつつ、南朝鮮の人民の「解放」を目的に北朝鮮が戦端を開いたのであるから、その意味では民族解放戦争として始まったとみなすこともできる。しかし、開戦直後に米軍を主力とする国連軍が参戦し、これによって北朝鮮軍が窮地に陥ると、金日成の要請で中国人民志願軍が応戦した。

かくて、戦争の様相は、「東北アジア戦争」（和田春樹）へと拡大した。そして、戦争は膠《こう》着《ちゃく》状態に陥った五三年七月に停戦を迎えた。いかなる戦争目的も達せずに、停戦という形でしか始末をつけることができないままに進行した戦争は、この停戦によって朝鮮半島における紛争構造を形成する始点となった（第三章第一節を参照）。

朝鮮戦争は、極めて甚大な人的・物的損失のみならず、離散家族の悲劇を生み出し、戦後処理上の便宜的な境界線に過ぎなかった北緯三八度線は、軍事境界線として国境線化し、南北分断を固定化させた。また、朝鮮半島外でも、日米韓—中ソ朝という対立構図が東アジア冷戦の形成を固定化し、米国のアジア関与を深める結果ともなった。同時に、戦争やその結果が何らの目的にも寄与しなかったにもかかわらず、韓国・北朝鮮ともに開戦時の首班を中心とする体制が強化されるという奇妙な現象が生じた。

韓国では、李承晩を国父とし「一民主義」が標榜《ひょうぼう》され、家父長的な権威主義体制が構築されると同時に、その独裁的な体制を正当化するために、「反共」を国是とするイデオロギッシュな統制が確立されていった。他方、北朝鮮では、戦争中に金日成と並ぶ実力者が次々と更迭され、金日成への権力集中が進んだ。* このことによって、北朝鮮は金日成の個性に依拠した国家・社会の形成に向かうこととなった。それが「メタ・フィクション」な国家・社会の成立の起点である。

＊戦争の遂行過程では、延安（中国）派最大の実力者である武亭《ムジョン》、ソ連派の実力者である許哥誼《ホガイ》、南労派最大の権威である朴憲永《パクホニヨン》を解任・更迭・逮捕した。

迷うことがない思考様式の成立

戦端を開いた北朝鮮にとって、朝鮮戦争の停戦は武力による短期的統一の挫折、分断国家間の対立の長期化、そして国際的な朝鮮半島問題の変質（「独立問題」から「平和的な統一問題」へ）という想定外の事態をもたらした。したがって、以下のような対応も余儀なくされた。

第一に、「建設と革命」を前提とする「民主基地」論の構想はそのままに、まず建設ありきの「先建設後革命」（北朝鮮の社会主義建設を優先し、従来の「建設と革命」の並進を修正）の段階的な革命遂行に組み替えることで、短期的な統一が困難な状況に対処しようとした。第二に、それと関連し、自国の戦後復興を速やかに行い、韓国に対して経済的優位に立つことを目指した。そして第三に、統一問題を同一民族内の問題とするよう局限化を図りつつ、米韓同盟を根拠に駐留する米軍を「内政干渉」とみなし、平和的な問題解決を阻害する米国や外国軍の駐屯を容認する韓国を非難し、その国際的な立場を突き崩すべく対応した。

このうち、第一の対応では、国内で社会主義建設の方向性をめぐる軋轢が生じる余地があった。金日成独自の建設路線とソ連型の建設路線の間での対立が想定されたからである。朝鮮半島の解放以降、ソ連は北部朝鮮での政権の組織化、それを指導する独裁的な党の結成や人員補充、さらに社会主義・共産主義イデオロギーの注入など、北朝鮮国家の建設に尽力し、その中心に金日成を登用・後援する政策を展開してきた。しかし、一九五三年のスターリン死去後、金日成は、ソ連の継続的な影響力行使を嫌った。そこで、彼は機械的に他国を模倣した教条主義や、実状に合わせた社会主義理論の適用を拒む形式主義をともに批判し、実利的、合理的でもある土着の「ウリ（我々）式」に基づく「主体」的立場を打ち出した。この時の主体の立場が、後の「主体思想」の原点となるものであった。

第二の対応では、復興の準備、三カ年計画（五四～五六年）による戦前水準への回復、そして五カ年計画（五七～六一年）に基づく工業国化という三段階の復興計画を立案し、その実現に向けて人民経済の社会主義化を推進し、対外的には友好国からの援助獲得に尽力した。実際、停戦直後の五三年には、金日成自らが訪問した中ソだけでなく、東欧諸国からも莫大《ばくだい》な支援を獲得した。

このような積極的な復興計画の遂行が功を奏し、五五年四月には人民経済の社会主義化が達成されたとし、五四年一一月から着手されていた農業協同化も、五八年八月に一〇〇パーセント達成された旨発表された。また、復興三カ年計画の最終年の五六年には、国民総生産（GNP）は、戦前（四九年）の約一〇億ドルを超える約一五億ドルに達し、続く五カ年計画終了年の六一年には約四〇億ドルという実績を上げた。この額は、同年の韓国のGNPの二倍に達するものであった。速やかな復興の達成による経済的優位の確保という目論見《もくろみ》は確かに成功していた。

しかし、第三の対応では、冷戦の二極対立の深化により、大きな進展は見られなかった。停戦協定の勧告による関係者会議や、その後幾度かの朝鮮問題を討議する国際会議が開催されたものの、北朝鮮が主張する南北間の対話と調整の場の設定、駐留外国軍の撤退など、「平和的な統一問題」の解決を模索した提案は、西側陣営が主張する国連監視下での自由選挙の実施案と相容《あいい》れなかった。加えて、北朝鮮が「民主基地」論に固執する限り、韓国政府は米国の傀儡《かいらい》的な「植民地南朝鮮」政府に過ぎず、「平和的な統一問題」の対等な交渉相手にはなりえない*。したがって、北朝鮮は外国（米国）軍の撤退を要求しつつ、韓国政府を相手とせず、自らが想定する「植民地抵抗勢力」を交渉相手にした統一方案の発出に終始せざるをえなかった。

＊北朝鮮は建国以来、国内の刊行物（たとえば、『朝鮮中央年鑑』）などで、韓国を「米帝植民地南朝鮮」と表記した。二〇〇〇年六月の南北首脳会談を機に、「南朝鮮」と改めたが、この表記の変化が、「南朝鮮革命」に関わる認識の変化と関連するかどうかは疑わしい。

このように、朝鮮戦争後の北朝鮮は、少なくとも建設優先の政治・経済体制の樹立では進展を見せた。だが、第四章で再度見るように、六〇年代初頭に中ソ対立とキューバ危機に直面した北朝鮮は、安全保障を対外的に依存することに不安を覚え、「四大軍事路線」を採択するなど（六二年一二月）、現在に至るハリネズミのような自衛的軍事化を図っていく。政治経済的な自信と軍事面での自立への意欲が、「思想における主体」、「政治における自主」、「経済における自立」、「国防における自衛」を強調する「主体思想」の公言ともなった（六五年四月）。

主体思想は、その公表後に実体化していった。六七年五月に、「党内にはひとつの思想以外にほかの思想は存在しない。その唯一の思想は党を創建し導く指導者の思想である」という「唯一思想体系」が打ち立てられた。そして、七〇年一一月に開催された朝鮮労働党第五次大会で、金日成が創始したという主体思想が正式に党の指導思想となった。また唯一思想体系の確立を決定した会議では、すべての党員と労働者が、金日成が率いた抗日武装闘争の革命的伝統を身につけることが提起された。それは、金日成が抗日武装闘争に立ち上がるべく組織した「打倒帝国主義同盟」(「トゥ・ドゥ」)。一九二六年一〇月結成)が朝鮮労働党の革命闘争の出発点であり、抗日武装闘争に決起するために金日成が組織・指導した「朝鮮人民革命軍」が朝鮮人民軍の前身となり、そして彼が抗日武装闘争を勝利に導き、北朝鮮を建国したことが唯一の「正史」となったことを意味する。

このように、党や国家内に存在したあらゆる思想は最終的に金日成の主体思想へと収斂《しゅうれん》され、その思想が創始されるに至った歴史(北朝鮮の歩みから革命に対する考え方、北朝鮮の存在意義まで)は、金日成が率いた抗日武装闘争の革命伝統を継承することによって、金日成の指導の範疇《はんちゅう》に収まるものとなり、そうした思想やそれに基づく指導者の指針に一切の疑問を差し挟む余地は事実上、皆無となった。

また、こうした「思想における主体」、つまり独自のイデオロギーの制度化のため、党中央組織の委員長・副委員長制を総秘書・秘書制に改め、総秘書ひとりの権力集中・権威づけを可能にした(六六年一〇月)。そして、七二年一二月の「社会主義憲法」の制定では、国家の首班で、国家主権の最高指導機関である「中央人民委員会」の首位を占めて直接指導を行い、国防委員会委員長として国家の一切の武力を指揮統率する地位にあり、かつ召喚される規定のない「国家主席」を新設した。それら党の総秘書、国家主席に金日成が就任したのは言うまでもない。こうして、「政治における自主」、すなわち何ものにも干渉されず無謬な指導者の地位が制度化された。これに先立つ六六年一〇月には、四大軍事路線の伸長、国防建設と経済建設を並行して政策を進めることが改めて提起され、「生命力の強い自立経済」と防衛力の強化が採択されていた。

以上のようにして、主体思想は肉付けされ、社会主義憲法の制定までに、党・国家を指導する絶対的な指導者の存在を特徴とする国家社会主義の統治体制が確立された。「建設と革命」の実現の成否を左右する絶対的な指導者のもとで、人民が日々迷うことがない（迷うことを許されない）思考様式がこの時点で固まったと言い換えることができる。

「建設と革命」のフィクション化

しかし、主体的で自主・自立・自衛的な国家の標榜と実践は、国内向けには説得的な指針となりえても、実際には「南朝鮮革命」への国際的な支持・支援の獲得の必要性、中ソからの貿易的支援を内実とする経済的な対外依存、さらに米韓同盟と米国の核に対する安全保障上の中ソとの同盟など、現実とのズレが存在し、それを糊塗《こと》した自立の強行により、国内の発展が妨げられることにもなった。実際、一九六〇年代前半までの経済計画は対外支援にも助けられ、順調に進んだものの、その後の経済計画は停滞した。中ソ対立の影響下で拡大した自衛力強化のための軍事予算が財政を圧迫したからである。

また、指導者金日成の絶対化は、後継者である金正日によって、「全社会の金日成主義化」（七四年二月）や「党の唯一思想体系確立の一〇大原則」の制定（同年四月）という形でより教化性を帯びていくが、その一環として第一章で紹介したような革命事績館や個人を称揚し顕彰するレリーフの設置など、生産に寄与しない思想教養・宣伝扇動分野の支出増大すら招き、これもまた経済を圧迫する原因となった。*

＊特に、金日成が七〇歳の誕生日を迎えた八二年にはアパート群、福利厚生施設、遊興施設のほか、主体思想塔、凱旋門《がいせんもん》、金日成競技場といった大規模建造物が建設された。

金正日の差配による「金日成＝絶対的な指導者」を国家社会主義体制の上位に据える北朝鮮式体制の体系化は、それが社会全体に張り巡らされ、思想が一色化して人びとに浸潤すればするほど、「指導者—党—人民」間の一心団結性を強化するが、それに費やす労力や資力、時間さえも浪費されることになり、その分経済活動を萎縮させることになる。したがって、北朝鮮特有の要因ではないが、社会主義経済に等しく潜んでいた計画経済の非効率性や経済活動の政治統制による意欲の減退が、より際立って建設の停滞として表れてしまうことが考えられる。

さらに、北朝鮮にとって不幸であったのは、七〇年代に二度にわたり発生した石油ショックであった。北朝鮮は第一次七カ年計画（六一～六七年。その後七〇年まで延長）の停滞を挽回《ばんかい》しようと、日本や西欧諸国を対象とする貿易の多角化に力を入れようとした。貿易自体は進展したものの、原油価格の上昇により取引価格や輸送費が高騰し、貿易代金の支払いを滞らせる結果となった。この累積債務への繰り延べ交渉が試みられたが、再度の石油ショックによる国際市場価格の激変から、資金調達がかなわずにデフォルトに追い込まれてしまったのである。

このように、北朝鮮における自立の標榜とその実践は、一方では指導者・党が形成を望む「メタ・フィクション」な国家・社会の体系や論理、それを支える装置を完成させることに帰結した。だが他方で、自立の理想と現実のズレが露呈し、ある種報われない北朝鮮を取り巻く情勢の動向と、自らが招いた経済停滞によって、冷戦の終結というさらなる逆境を待たずして、韓国に優越する社会主義建設の経済面での不振は立ち現れていた。言い換えれば、「建設と革命」という至上命令において、六〇年代前半まで「ノン・フィクション」であったはずの建設は、その後断続する経済停滞によって「フィクション」と化してしまった。

それを象徴しているのが、金日成が死去間際まで口にした「朝鮮人民の宿願」である。すなわち、「すべての人びとが白米の飯に肉汁を食べ、絹の服を着て、瓦葺《かわらぶ》きの家に住もう」という願いである。その願いの実現は、金正日に引き継がれたが、冷戦の終結を通じて国家崩壊の危機が迫り、体制の守護を至上命令（「建設と革命」）よりも喫緊の課題とした非常事態体制（軍事優先政治）を敷いたことで遠のいた。それどころか、食糧難による多数の餓死者や越境する口減らし・出稼ぎ者（いわゆる脱北者）を発生させた。それでも金正日は、曲がりなりにも国家の窮地を救うことに成功し、「人民生活の向上」を遺訓として、金正恩にその後を託した。

　金正恩は度重なる核実験やミサイルの試射による核抑止力の向上と軍拡、張成沢《チャンソンテク》の処刑や金正男《キムジョンナム》（金正日の長男で、金正恩の腹違いの兄）の暗殺疑惑などで強面《こわもて》の側面のみが強調されがちだが、金正日時代の非常事態体制を常態化させ、「人民大衆第一主義」を標榜したり、住宅街や農園・果樹園、福利・遊興施設などの大がかりな建設を通じて経済の向上感を演出したり、さらに現場主義的で生産能力の実状に合わせた経済計画を樹立したりと、漸進的ではあるが、人民生活の向上を目指した政策に全力で取り組んでいるように見える。ただ、その動きの本格化のためには、核問題の一定程度の進展や国内体制のさらなる改革が必要となろう。それについては、第五章で再考することとしたい。

「建設と革命」のうちの革命もまた、「民主基地」論に固執し、「全国的範囲で民族解放民主主義革命の課題」とする限り、そこから導き出される統一方案は現実と乖離《かいり》していくばかりである。北朝鮮は、「建設と革命」を実現する国家として、これまで「連邦制」の提案（六〇年四月）、「高麗《こうらい》連邦共和国」に基づく連邦制提案を核とする「祖国統一五大方針」の発表（七三年六月）、「高麗民主連邦共和国」方案の提起（八〇年一〇月）など、革命の幅の許容範囲内で、柔軟かつ現実的な統一案を提案してきた。* だが、韓国政府を米帝国主義の南朝鮮植民地化の手先として民族解放を妨げる存在とみなし、こうした統一案の交渉相手や連邦を組む対象に想定しなかったがゆえに、連邦制による統一案は常に有名無実化した。革命が規定するあるべき対象と実在の対象との間にズレが存在するなかで、「民主基地」論に基づく革命が遂行されるとき、悪《あ》しき歪《ゆが》みが生じてしまうことになる。

＊「連邦制」は、南北の自由選挙に基づく統一を前提とし、選挙の実施が困難な場合、過渡的な対策として連邦制を実施するという提案である。「高麗連邦共和国」は、南北朝鮮間の軍事的緊張緩和、政治・経済・外交・軍事・文化などの多方面な交流、各界・各層が参加する大民族会議の招集、ふたつの朝鮮の排撃と合わせて、五大方針のひとつとして挙げられた統一方案である。「高麗民主連

邦共和国」は、韓国・北朝鮮のふたつの社会体制が共存することを前提に、連邦制それ自体を統一の最終形態として構想する統一方案である。画期的な統一案だが、韓国で民主主義的な政権が樹立され、反共法・国家保安法を廃止し、すべての政党団体の政治活動が保障されることを条件にしている。

この点は、金日成が述べたように、「革命が困難だからといって、有利な情勢が訪れることだけを待ちながら、積極的な闘争を繰り広げないのは大きな誤りであり……その決定的な闘争はただ暴力的な方法によってのみ勝利することができる」（『金日成著作集』二二）という、手段を選ばない方策が考慮されてしまうからである。このような歪み、言い換えれば、独善に基づく激烈な統一をめぐる主導権争いがテロ事件や拉致事件を引き起こす要因になったと言える。

とはいえ、韓国は七三年六月に「平和統一外交政策に関する特別宣言」を発表し、国際場裏における「ふたつの朝鮮」（朝鮮半島に韓国・北朝鮮のふたつの国家が存在すること）を容認し、現実に寄り添うことで歪みを解消させた。のちに北朝鮮も、韓国・北朝鮮それぞれ別々の国号による国連同時加盟（九一年）を果たしたのを機に、国際舞台での「ふたつの朝鮮」の容認、そして二〇〇〇年六月の南北首脳会談以降、対外的には国家としての韓国を容認することとなった。しかし、党規約や国内に向けての説明では依然、「南朝鮮革命」の内容に手がつけられている形跡は見られない。

南朝鮮革命の内容に手をつけるということは、「建設と革命」を行うためだけに邁進してきた北朝鮮にとっては、片肺をもぎ取られるような苦痛と困難を伴う。だが、革命が規定するあるべき対象と実際の対象との間のすり合わせがなければ、北朝鮮の統一案は今後も空転し続けることになる。また、そのズレによって生じる歪みがいつまた悪しき暴走に転じてしまわないかとの疑念も持たれ続けることになる。

韓国では統一の必要性を感じない人びとが半数近くに達し、必ずひとつの国家である必要はないと考える若者世代が半数以上に達している。このままでは、自己の都合が招いた対象との乖離だけではなく、統一への思いも遠ざかり、北朝鮮が統一の相手として等閑視されていくに違いない状況となっている。

危機の二〇年――「悪の枢軸」発言とその後

二〇〇二年一月、北朝鮮は「市民を飢えさせながら、一方でミサイルと大量破壊兵器で武装」しているとして、米国ブッシュ大統領から名指しで「悪の枢軸」の一国に数え上げられた。

〇二年一月といえば、極めて緩慢な動きながら、一九九四年一〇月の米朝合意の枠組みに沿って、ようやく二基の軽水炉の建設が始められようとしていた時期であり、北朝鮮内部では冷戦後の破綻しかけた経済が何とか復調の兆しを見せ、経済改革に着手しようとしていた時期にあたる。「悪の枢軸」発言を浴びせられた北朝鮮は、米国での新政権成立により、自国に対する政策が「またもや」変異していくことを強く感じ取ったに違いない。

実際、北朝鮮は二〇〇〇年代に入り、史上初の南北首脳会談の実現を足がかりに活発な対外関係改善を継続する一方で、米国に対しては核開発再開を匂わせる対決姿勢を取り始めた。〇二年一〇月に米国政府が、高濃縮ウラン核開発計画を北朝鮮が認めたと発表するや、同年一二月に北朝鮮は、核開発の再開を発表するとともに、核施設の封印解除を宣言した。翌〇三年一月には、核拡散防止条約（NPT）からの脱退も宣言した。核開発計画が露呈し、重油供給の停止が決められた時点で、北朝鮮は核兵器開発「疑惑」を利用して交渉する意味がなくなったと認識した。さらに、国際原子力機関（IAEA）が核開発の破棄を求める決議を行い、米国を中心に査察への圧力を強めると、査察こそが他国に武装解除を求める米国の常套《じょうとう》手段だと考えるようになり、NPTからの脱退を宣言したのである。加えて、「悪の枢軸」に挙げられたイラクが、米英軍による先制攻撃（〇三年三月）を受けると、「疑惑」が逆に攻撃を招くと考え、核保有を公言するようになったのである（〇三年四月）。

その後、北朝鮮の核問題解決に特化した六者協議が設定されたが（〇三年八月）、国家の自主権の尊重と体制保障、不戦宣言、朝鮮戦争の停戦協定を平和協定に移行したうえでの関係改善を前提にした核放棄を主張する北朝鮮と、完全かつ検証可能で不可逆的な原則に則《のっと》った非核化（ＣＶＩＤ）を前提にした後続措置を主張する米国との溝はいっこうに埋まらなかった。〇五年に入り、北朝鮮が自衛のための核兵器製造を明らかにし、六者協議の参加中断を発表するや、米国は軟化し、六者協議では北朝鮮の意向が踏まえられた核問題の解決のための共同声明が取りまとめられることになった。

さらに、翌年一〇月には、北朝鮮が初めての核実験を成功させ、その数カ月前の弾道ミサイル発射実験とともに国連の制裁決議が採択されたものの、六者協議での進展や米朝直接交渉で自信を深めた北朝鮮は、核兵器保有の言明や核実験による開発の進展が、自国に利益をもたらすと認識するようになった。

〇九年一月、米国でオバマ政権が成立すると、またしても核交渉の態様を変えてきた米国に対して、北朝鮮は米国に対抗する「自衛的核抑止力」の完成を目指すようになった。つまり、核兵器はもはや米国を交渉に呼び込むための手段ではなく、交渉で対等かつ有利に事を運ぶための条件という認識になったのである。その後、一七年一月のトランプ政権の誕生も、北朝鮮からすれば、二〇〇〇年代に入って三度訪れた核交渉への大幅な対応の変化にほかならなかった。そして、トランプの強硬姿勢に直面し、北朝鮮は相互の確証破壊をちらつかせ臨んだ。その後一転して交渉段階に移ると、核実験・大陸間弾道弾（ＩＣＢＭ）発射実験の中止と核実験場の廃棄、核の不使用を宣言し、史上初めて米朝首脳会談に臨み、共同声明に署名した。ただし、核兵器開発は対米交渉における対等で有利な交渉に導く担保であり、その継続は既定路線とした。

　二度目の米朝首脳会談が決裂し、バイデン政権が誕生した現在も、北朝鮮の認識には基本的に変化がないと考えられる。北朝鮮は来る対米交渉において対等かつ有利な交渉を進めるための「自衛的核抑止力」を実効性あるものとするため、核開発を継続しているのである。*

＊二度目の米朝首脳会談の際、北朝鮮は自国が申告する寧辺《ニョンビョン》の核施設の放棄を行う見返りに、大幅な国際制裁の解除を求めた。これに対して米国は、自国が把握する約三〇〇カ所に上る寧辺の核施設の全面凍結と引き換えに、連絡事務所の相互設置と米朝間の終戦宣言を提案した。米国には、この提案の実現を経て核弾頭・核物質の搬出、すべての核開発関連施設の完全廃棄、生物・化学兵器や運搬手段となるミサイルの放棄を済ませたうえで、全面的な制裁解除と本格的な経済支援を行う青写真があった。しかし、北朝鮮がそのシナリオを武装解除そのものと認識し、受け入れを拒否し

た結果、交渉は決裂した。

以上のように、米朝対決をめぐる危機の二〇年（〇二年〜現在）をざっと振り返ると、その焦点は「北朝鮮の核問題」でありながら、米国の存在を脅威と感じているがゆえに、北朝鮮が米国の動向に左右されつつ、対応に追われた展開として見ることもできる。すなわち、北朝鮮の核問題の展開は、北朝鮮の「リアクション」の反復の様相でもある。実際、北朝鮮の核実験や弾道ミサイルの試射は、「アクション」としての挑発と受け止められがちだが、その核・ミサイル実験を時系列に並べてみると、米韓軍事演習や日米韓の間の軍事協議、国際的な制裁決議といった北朝鮮の安全保障に抵触する動きがあった場合、その反応として行われる事例が多いことに気づく。

同様に、米国側の政権交代によって、核交渉への対応に大きな変化が起こることにも着目せざるをえない。クリントン政権―米朝協議―米朝枠組み合意、ブッシュ政権―六者協議―共同声明・段階措置、オバマ政権―戦略的忍耐―国際制裁による政策変更、トランプ政権―首脳会談―米朝共同宣言というように、米国の意向に沿いながら交渉の是非を含めた場が設定され、そのうえで北朝鮮の核・ミサイル開発の進捗度合いに応じた解決プロセスが決められていくのである。

ともあれ、「悪の枢軸」発言から二〇年間に、北朝鮮は核兵器製造を可能にするプルトニウムの抽出国から、明らかに核兵器とその運搬手段を保有し、米国に対する「自衛的核抑止力」の完成を射程に入れる軍事大国となった。また、経済破綻からの回復過程で、対外関係の改善を通じて経済再建を図ろうとしていた状況から、五カ年経済計画を立案し、制裁に影響を受けない国家経済の自立的かつ全般的な発展に言及する国ともなった。確実に存在感を増大させる北朝鮮の変化の現実を踏まえておくことが必要であろう。

第三章　核問題の展開

朝鮮半島の紛争構造と「北朝鮮の核問題」

朝鮮半島に韓国・北朝鮮というふたつの国家が並立していることは、周知のことである。だが、日本や韓国・北朝鮮、その他の国々で市販される世界地図（や朝鮮半島図）では、周知の「あるべきもの」が図示されていない。それはいったい何であろうか？

正解は「国境（線）」である。とりわけ、韓国・北朝鮮で市販されている朝鮮半島の地図では、どこまでが韓国・北朝鮮の領域なのか示されていないばかりか、相手方の存在すら明示されていないことが多い。このような周知の事実と地図表記の間に存在する虚と実は、朝鮮半島が抱える苦悩をよく表している。

それでは、なぜ地図上には国境線が引かれていないのだろうか。その理由は、そもそも国境

（線）が存在せず、それを引くことができないからである。ご存じの方も多いだろうが、韓国・北朝鮮の境界を隔てるのは国境線ではなく、「軍事境界線」という呼び名の分割線である。この軍事境界線は、二〇一八年に南北朝鮮の首脳と米朝首脳が、軍事境界線上に位置する板門店《パンムンジョム》で会談した際、一躍脚光を浴びた。金正恩と文在寅《ムンジェイン》は対面の際に、軍事境界線を挟んで握手し、相互にそれをまたいでそれぞれの領域に足を踏み入れるというパフォーマンスを演じた。金正恩とトランプが対面した際も、同様のパフォーマンスが見られた。それらがテレビで放映された際に画面に大映しにされた幅五〇センチメートルほどのコンクリート製のラインが軍事境界線である。

軍事境界線の設定は、一九五〇年六月に勃発した朝鮮戦争を停戦へと導くため、国連軍司令官（米国）と朝鮮人民軍最高司令官（北朝鮮）、中国人民志願軍司令（中国）間で合意に達した、いわゆる「朝鮮停戦協定」（五三年七月）の規定を根拠にしている。すなわち、「軍事境界線（ＭＤＬ）を確立し、非武装地帯（ＤＭＺ）を設定するため、双方の軍隊は、この線から二キロメートル後退して、その非武装地帯は、敵対行為を防止するための緩衝地帯にする」（第一条一項）という旨の規定である。したがって、より正確には戦争の再発防止のため、一五五マイル（約二四八キロメートル）に及ぶ軍事境界線を中心に、南北にそれぞれ二キロメートルの「非武装地帯」という緩衝領域が設定されていることから、韓国・北朝鮮は全体として約一○○○平方キロメートルの領域を挟んで隔てられているのである。

　そのように、七○年以上前の戦争とその後始末の結果として生じたからといって、この状況は一過性の遺物ではない。今も朝鮮半島の地図に国境（線）がないことから分かるように、南北朝鮮間の敵対関係が終結しないために設定され続ける現実のひとつである。言い換えれば、排他的な「朝鮮半島の統一」という至上命令から逃れられない未完の国家（韓国・北朝鮮）が分断される形で朝鮮半島に誕生し、その後同族相食《あいは》む戦争（朝鮮戦争）過程で、この地域に利害関係を有する諸外国が参戦・介入して凄絶な国際戦争（米中戦争）へと発展した。ところが、戦争目的も何ら達成されることなく、停戦という形でしか処理できずに、結局戦争はいまだに終わっていないということである。

　その現実に基づき構築されてきたのが朝鮮半島の紛争構造である。それを整理すれば、次のように言うことができる。朝鮮半島では、いまだに戦争が終わっていないという現実において、①対決関係を前提とする体制が韓国・北朝鮮の双方でともに築かれ、これに基づいて②排他的な統一が追求される状況が成立し、③その状況を周辺国が補完するとともに、④過去の遺物的な取り決め（朝鮮戦争の休戦協定）も作用して、何とか平和が維持されている、という状況が継続しているのである。

このような紛争構造と、そのもとでの不確実な平和状態という事態の根本的な解決に対処しようとする大きな動きが二〇一八年に起こった。それが三度の南北首脳会談（四月二七日、板門店。五月二六日、板門店。九月一八〜二〇日、平壌など）と、史上初となる米朝首脳会談（六月一二日、シンガポール・セントーサ島）の開催である。また、そこではいわゆる「板門店宣言」（四月二七日）、「米朝共同声明」（六月一二日）、「九月平壌共同宣言」（九月一九日）及び「板門店宣言軍事分野履行合意書」（九月一九日）がそれぞれ合意に至っている。

これら一連の会談や合意文書の発表は、直接的にはいわゆる「北朝鮮の核問題」の解決を目標に行われた。しかし、たとえば「板門店宣言」の前文に記載されているように、より本質的には「冷戦の産物である長年の分断と対決を一日も早く終息させ、民族的和解と平和繁栄の新しい時代を果敢に切り開く」ために行われたのである。これは「米朝共同声明」にも、「何十年にもわたる緊張状態や敵対関係を克服し、新たな未来を切り開く」と記されている。つまり、冷戦終結後に発生した北朝鮮の核兵器・ミサイル開発をめぐる問題の原因は、冷戦を反映した分断と対立に始まり、そこにまで踏み込まねばならないという本質的な問題意識はすべての文書において通底している。

さらにかみ砕いて言えば、「北朝鮮の核問題」の解決を目指し、北朝鮮及び韓国・米国が二〇一八年に着手しようとしていたのは、対症療法――北朝鮮の核放棄をいかに進めるか――ではなく、原因療法――歴史的に構築された紛争構造の解体――であったということである。事実、「板門店宣言」や「米朝共同声明」など一連の合意文書の内容に従って、「北朝鮮の核問題」ないしはその解決のための「朝鮮半島の非核化」を目指して実施されうる内容を整理した次頁の表を見ていただきたい。

「朝鮮半島の非核化」は、朝鮮半島の紛争構造とそのもとでの不確実な平和状態にメスを入れようとするものであるから、その進展は第一に「朝鮮半島の完全非核化」、第二に「朝鮮半島における平和体制の構築」、そして第三に「南北朝鮮関係の改善と発展」の大きく三つの実践を包括していくことが想定されている。

また、その三つの実践は、前述の番号と傍点を付した整理に基づけば、「朝鮮半島の完全非核化」は、①と③の解消に対応し、「朝鮮半島における平和体制の構築」は③と④の解消に対応し、そして「南北朝鮮関係の改善と発展」は①と②の解消に対応する。つまり、「北朝鮮の核問題」と呼ばれている事象は、このような朝鮮半島の紛争構造の解体を包摂する問題である。北朝鮮が核を放棄すれば解決する、という単純な問題ではない点を確認しておく必要がある。

朝鮮半島の非核化

朝鮮半島の完全非核化	▷北朝鮮：核兵器（弾頭）、ミサイル（＋発射台）の移転・廃棄／核物質（ウラン、プルトニウム、トリチウムなど）の移転・廃棄／核関連施設（再処理施設、濃縮施設、燃料製造施設、黒鉛減速炉、実験用軽水炉、弾頭製造施設、ミサイル製造施設、実験場、核・ミサイル研究施設）の稼働停止・封印・閉鎖・解体／ウラン鉱山の閉山／科学者・技術者の流出防止・代替職場の斡旋／関連データ、情報の流出防止・廃棄／資材調達網の遮断など。 ▷韓国：核の傘の除去／ミサイル軍縮／THAAD撤収など。 ▷その他：査察体制の完備／「朝鮮半島の非核化に関する共同宣言」の履行など。
朝鮮半島における平和体制の構築	▷朝鮮半島：戦争の終結宣言／停戦協定の平和協定化／クロス承認と国交正常化／米独自制裁と国連制裁の緩和・解除など。 ▷南北関係：敵対行為の中止／非武装地帯、北方境界線の平和地帯・水域化／不可侵合意／連絡体制の構築／軍事演習・訓練の中止／飛行禁止区域の設定など。 ▷北朝鮮：国内非核化措置の実施／軍縮など。 ▷韓国：米韓同盟の再編（在韓米軍の規模と攻撃力の縮小）／軍縮など。
南北朝鮮関係の改善と発展	▷南北関係：採択済みの宣言と合意の履行／連絡事務所の設置と監視哨所の撤去／偶発的衝突の予防措置／各層間の往来と接触／離散家族問題の協議／鉄道・道路の連結／開城工業団地、金剛山観光の再開／西海経済、東海観光特区の共同造成など。 ▷北朝鮮：政治・経済的改革／対外開放／経済開発／インフラ整備など。 ▷韓国：「五・二四措置」の解除／反共主義の克服／脱北者の社会定着／環境・防疫及び保健医療分野協力など。

（筆者作成）

そうした「北朝鮮の核問題」の解決を図るアプローチとして、朝鮮半島の紛争構造の解体と敵対の克服にまで踏み込まねばならないのは、直接的な外科手術――軍事的手段による北朝鮮の変革――に伴うコストが甚大であり、選択しがたいという制約があるからにほかならない。

たとえば、一九九四年五月一九日に米国統合参謀本部議長ジョン・シャリカシュビリがクリントン大統領に報告したところでは、「朝鮮半島で戦争が勃発すれば、最初の九〇日間で米軍兵士の死傷者が五万二〇〇〇人、韓国軍の死傷者が四九万人に上る上、北朝鮮側も市民を含めた大量の死者が出る見通しだ。財政支出も六一〇億ドルを超えると思われる」という（オーバードーファー、二〇一五年、三二三頁）。また、韓国の「大統領諮問未来企画委員会」（李明《イミョン》博《バク》大統領傘下）の報告書によれば、「急変事態が北朝鮮の崩壊と吸収統一につながる場合、統一費用が三〇年にわたり二兆一四〇〇億ドル（二五五〇兆ウォン）程度かかる……北朝鮮が漸進的改革開放を通じて合意統一に至る場合、統一費用は約三五〇兆ウォンで、吸収統一の七分の一程度であれば十分……朝鮮半島に戦争が発生し、その結果による統一、いわゆる武力統一が発生する場合、統一費用は莫大な人命の損失はもとより、八〇〇〇兆ウォン以上の戦後復興および統一費用がかかる」と推定している（小此木《おこのぎ》・文《ムン》・西野編著、二〇一二年、一四一～一四二頁）。

つまり、「北朝鮮の核問題」の合理的かつ理性的な解決を模索するなら、軍事的手段や北朝鮮の崩壊を招くような方策は取ることができない。このようなアプローチ上の制約は、米韓のみならず北朝鮮にも当てはまり、無論日本や中国も同様であろう。戦争が引き起こされれば、北朝鮮の体制存続自体が危機に陥る可能性が高いだけに、この制約を等閑視できないという現実は、北朝鮮にとってより深刻かもしれない。

北朝鮮の核開発・核兵器開発の推移

北朝鮮の核開発は、ソ連でドゥブナ合同原子核研究所が設置され（一九五六年三月）、そこでの共同研究事業に北朝鮮が参画し、自国の優秀な研究者に核技術を習得させようとしたことに始まる。その後、ソ連から核研究に関わる実験炉や研究施設が供与された。八〇年には平《ピョン》安北道寧辺郡《アンブクドヨンビョン》に、五メガワットの試験用黒煙減速炉を自国で建設し始め、さらに八五年一二月にはソ連の求めに応じて、NPTに加盟することで、ソ連から商業用の加圧水型軽水炉の供与を受ける手はずとなった。しかし、NPTには加盟したものの、経済事情により供与は行われずじまいであった。そこで九〇年代初頭には、自力で原子力発電所の建設に着手することになった。その時点では、あくまで原子力の平和利用が目的であったはずである。

しかし、北朝鮮は八〇年代中頃にはすでに、国内に建設した原子炉で核兵器に使用する物質製造に着手しているのではないかとの嫌疑をかけられていた。その疑惑が表沙汰になるのが、米国が在韓米軍の核兵器を撤収したことに応じて、九二年一月に調印したＩＡＥＡとの保障措置に基づき実施された査察においてであった。ＩＡＥＡの査察団は、北朝鮮の申告を上回るプルトニウムの抽出と、一～二個の核兵器が製造できるプルトニウムを秘匿している可能性を指摘した。しかし、北朝鮮は申告以上のプルトニウムは抽出していないと真っ向から反発した。こうして発生したのが、いわゆる「第一次核危機」である。

ところで、北朝鮮が厳密にいつエネルギー供給を目的とする核開発から核兵器開発に切り替えたかを特定するのは大変難しい。どんな国でも安全保障上必要であれば、核兵器保有を計画することがある。それを念頭に置けば、北朝鮮は自国の研究者に核技術を習得させせようとした時点から核兵器開発を準備していたかもしれない。または、一九九〇年九月の韓国とソ連の国交正常化後、実質的にソ連の核の傘から離脱せざるをえなかった時点で、抑止力としての自前の核兵器開発に着手し始めたのかもしれない。さらには、「金正日やピョンヤンに対しブッシュが敵対的発言や敵視政策を繰り返したため北朝鮮は『核抑止力』の開発を余儀なくされたのだ、と彼らは主張した」ということが言葉どおりであれば、「悪の枢軸」発言に前後する時期から核兵器開発に本腰を入れ始めたと考えることもできる（康宗憲《カンジョンホン》編、二〇〇八年、一二五頁）。このように、北朝鮮の核兵器開発の始点を特定することは困難だが、第一次核危機が発生し、少なくとも北朝鮮は自国の「核開発疑惑」をめぐる動向が国際社会との交渉の素材になることを認識したであろうと考えられる。

九〇年代初頭の冷戦の終結過程にあたるこの時期、北朝鮮を取り巻く国際関係や北東アジアの地域情勢は、北朝鮮にとって厳しい状況であった。その逆境のなかで北朝鮮は、「帝国主義者（米国）らは旧ソ連と東欧諸国で社会主義が崩壊するや、わが国の社会主義を崩そうとして、益々《ますます》悪辣に策動して」おり、その「目的は……惨めな窮状に陥りつつある旧ソ連や東欧諸国のように」することであるとの認識を有していた（『金日成著作集』四四）。また、「かつてわが国の対外貿易において圧倒的な比重を占めていた社会主義市場が最近崩壊した。旧ソ連と東欧諸国は資本主義に復帰した後、米国の言いなりになって動き、わが国との貿易取引をほとんど中断している」との現状分析もある（同前）。つまり、北朝鮮は冷戦終結やソ連崩壊によって、米国一極支配の国際構造に再編されつつあると、現状を把握し、その米国は旧ソ連と東欧諸国を倒したように、自国を軍事・経済的に追い詰めて壊滅するよう企んでいるとみなした。

したがって、九二年四月には、金日成が「ワシントン・タイムズ」のインタビューで、米国との対話と国交樹立に意欲を表明することとなった。他方、米国はこの申し出を一蹴するが、自国の核開発疑惑が国際的な交渉力を有する材料であることを認知していた北朝鮮は、これを活用して米国との交渉を図り、現状を打開していくようになる。これが核開発・核兵器開発をめぐる「瀬戸際外交」の起点であった。

こうして、北朝鮮は「一〜二個の原子爆弾を製造するだけのプルトニウムをもっているかもしれないという疑惑を維持」することによって、米朝直接対話をつなぎ止め、米朝「枠組み合意」という利益を得ることとなった。ところが、ブッシュ政権の発足とその言動を考慮し、北朝鮮は「大量破壊兵器に関する査察そのものが、アメリカが他国を武装解除するための手段である」と認識し始め、「もはや核兵器開発疑惑から利益を得ることはなく」なったと見限るようになる。そこで「『必要な抑止力』をもたざるを得なくなったと発表し、核兵器の開発に乗り出すことを暗示」したうえで、核保有国を宣言し、最初の核実験を断行した（いわゆる「第二次核危機」）。この対応の結果、ブッシュ政権の態度が変化したとみなした北朝鮮は、次いで「核実験の実施によって利益を得るようになった」（中川雅彦編、二〇一七年、五二〜五三頁）。

つまり、核兵器開発「疑惑」を対米交渉の材料としていた北朝鮮は、ブッシュ政権の言動とその後の態度の急変に応じて、交渉材料を核兵器保有の言明、そして核実験による開発の進展にシフトした。こうした北朝鮮の認識と行動は、先の北朝鮮の主張を裏書きするものである。

さらに、これに続くオバマ政権の「戦略的忍耐」という核兵器開発に関する北朝鮮の政策変更を交渉の前提とする方針のもとで（いわゆる「第三次核危機」）、北朝鮮は「『自衛的核抑止力』を強化」し、これを実質化することによって、「もはや核兵器はアメリカを対話に引き出すためだけのものではなくなっており、アメリカと交渉した際に朝鮮にとってより有利な条件を引き出すためのものになった」と考えられる（同前、五四〜五五頁）。こうして北朝鮮の核兵器開発は、現今において米国に対する核抑止の能力を確保する方向へと向かうに至っている。

北朝鮮の核開発・核兵器開発は、冷戦終結過程での自国の苦境を打開するため、米国を交渉の場に引っ張り出す国際的な交渉力から、交渉によって苦境に陥った自国の状況の改善と物質的見返りの獲得を図る取引材料へ、さらには抑止能力を高め、対等に米国と交渉する裏付け材料へと変化していった。その過程で北朝鮮は、核兵器開発を疑惑に止めたり、核保有を宣言して核実験へと進み出たり、ミサイル開発と並行して核抑止能力の確保を進展させたりもした。それは、政権が入れ替わるたびに核交渉への姿勢や対応を変更する米国への北朝鮮なりの対策である。と同時に、危機のレベルが上昇していく「瀬戸際外交」の継続のための安全策でもあった。こうした北朝鮮の核兵器開発の進捗に対して、米国が実質的に対応の主導権を取りつつ、核交渉は推移してきた。

核交渉と「解決」

それでは、ここで北朝鮮の核兵器開発の進行度合いに留意しながら、具体的に第一次〜第三次核危機ごとの交渉の推移と問題、そして交渉の合意事項を確認しながら見てみたい。

第一次核危機は、ＩＡＥＡ査察団が、北朝鮮の申告を上回るプルトニウムの抽出と核兵器が製造可能なそれを秘匿している疑惑を明らかにしたことから始まった。疑惑を追及された北朝鮮は、ＮＰＴからの脱退を宣言すると（一九九三年三月）、二カ月後には日本海へ向けてノドン・ミサイルの発射実験を行った。この状況と核問題に対処すべく米朝実務者協議が設定され進行したが、北朝鮮はこの際に、朝鮮戦争の停戦協定を平和協定化することを目論んで、停戦協定で定められた軍事停戦委員会に代わる新平和保障体系樹立のための交渉を新たに提案した（九四年四月）。この提案を米国が一蹴すると、北朝鮮は「朝鮮人民軍板門店代表部」の設置を一方的に米国に通報するとともに、ＩＡＥＡからの脱退を表明した（同年六月）。こうして朝鮮半島は、米国による直接的な外科手術寸前にまで至ることになる。しかし、幸いなことに米国カーター元大統領の訪朝と金日成との直接対話により、北朝鮮はＮＰＴ復帰とＩＡＥＡの査察活動を保障することとなり、一触即発の事態は回避された。その直後、金日成が急死した。しかし、米朝協議は継続し、いわゆる米朝「枠組み合意」の樹立に至った。

この米朝「枠組み合意」は、交渉経緯に鑑み、黒煙減速炉計画から軽水炉計画への転換及び代替エネルギーの供給、米朝関係の改善と正常化、「朝鮮半島の非核化に関する共同宣言」の履行と南北対話の実施、北朝鮮のＮＰＴ復帰とＩＡＥＡ保障措置協定の実施を通じた国際的な核不拡散体制への協力という、四つの内容で構成されている。これにより北朝鮮は、従来の核計画の放棄を余儀なくされたが、新たな原発とその完成までの代替エネルギーは得ることになった。また、米国からは核兵器不使用の保障、関係改善と正常化へ向けた貿易・投資の障壁の軽減、連絡事務所の設置、大使級への関係引き上げという段階的な行動指針が約束された。

これに対して、北朝鮮の核兵器開発を懸念する米国と関係諸国は、この合意の履行に伴う既存の核開発を凍結させ、軽水炉計画への転換によって一定程度核開発をコントロールできるようになった。さらに、既存の南北朝鮮間の合意が履行されれば、朝鮮半島の緊張緩和が見込まれるという展望を得ることとなった。

ところが、米朝「枠組み合意」は容易に進捗しなかった。軽水炉計画は、米国が主導し窓口となる国際共同事業体（朝鮮半島エネルギー開発機構：ＫＥＤＯ）が担うことになっていたが、その発足は越年し（一九九五年三月）、北朝鮮がＫＥＤＯとの軽水炉提供協定に調印したのは、その年末のことであった。また軽水炉建設の覚書の調印は、さらにその一年半後の九七年七月のことである。軽水炉建設の見積額が算出され、ＫＥＤＯの構成国（米国、韓国、日本、ＥＵ）がその拠出分担金で合意に至るまでには、さらに九八年七月まで待たなければならなかった。結局、軽水炉建設のための炉本体の土台部分へのコンクリート注入式典が開催される段階（〇二年八月）には、「北朝鮮の核問題」は新たな危機段階に移行する状況となっていた。

続く第二次核危機は、ブッシュ大統領が従来の核合意を否認するとともに、金正日を「独裁者」と呼び、北朝鮮を「悪の枢軸」として、交渉相手とみなさず、代わりに「軍事介入オプション」の可能性に触れたことで、北朝鮮側が「核抑止力」の開発を余儀なくされたことに始まる。

その後、北朝鮮は、米国がイラク攻撃を敢行した二〇〇三年四月に、初めて核兵器保有を公言した。また、同年一〇月には、「核抑止力」の強化のため、プルトニウムの用途を変更した旨表明した。こうしたさなかに六者協議という新たな多国間枠組みの協議が米国主導下、中国を議長国に設定された。この六者とは、米朝に韓国、日本、中国とロシアを加えた国々である。

六者協議が実質的な成果を収めるまでには、米国がいわゆるＣＶＩＤの原則の強硬な姿勢で交渉に臨み、これに対して一方的な核開発の放棄を国家の自主権と生存権を貶《おとし》めるものとして激しく反発する北朝鮮との間で軋轢が続いた。米国では、〇四年一〇月に「北朝鮮人権法」が成立し、翌年一月にはライス大統領補佐官が北朝鮮を「圧政の拠点」と批判するや、北朝鮮は「自衛のための核兵器製造」を言明し、また六者協議への無期限不参加を宣言した。だが、中国を仲介者に断続的ながらも交渉の糸が途切れなかったことが幸いし、同年九月には第四回の六者協議が再開され、最終日には六者間で初めての体系的合意とも言える「共同声明」が発表された。

この共同声明での合意内容は、核兵器保有を宣言している北朝鮮の核開発の進捗に合わせて、北朝鮮がすべての核兵器と既存の核計画の放棄を行う見返りに、ほかの五者は等しくエネルギーを支援するという意向を約したものであった。たとえば、韓国は核放棄に際して二〇〇万キロワットの電力供給と自国領土内での核兵器の不在を確認した。また、日米は関係正常化に向けた措置を講じることとし、特に米国は北朝鮮への核・通常兵器による攻撃と侵略の意図がないことを約束し、朝鮮半島での核兵器の非保有を確認した。さらに共同声明では、核廃棄の一方的措置の不当性を訴える北朝鮮に配慮し、合意内容について「約束対約束」、「行動対行動」の原則に基づく段階的な実施手順が採用された。

こうして北朝鮮は、この間温存してきたとみなされた核兵器と既存の核計画を放棄することになるものの、原子力の平和利用の権利は尊重され、軽水炉型原発の供与も復活し、各国からのエネルギー支援の確約とともに、米朝双方の主権の尊重と平和共存という確約を取り交わした。また、この共同声明では、合意内容の段階的実施のために、「調整された措置」が謳《うた》われ、続く第五回六者協議では、そのための「初期段階の措置」も合意された。

この初期段階の措置に関する合意では、完全履行のために、五つの作業部会を設け、作業進捗の確認の仕組みと、緩やかな目標日程が設定され進行するプロセスがその特徴であった。また、共同声明で要求された北朝鮮の核廃棄については、初期段階では再処理施設を含む寧辺の核施設の活動停止と封印までとし、次の段階ですべての核計画の申告と黒煙減速炉、再処理工場を含むすべての既存の核施設の無力化を実行するものと決定された。

このような合意に従い、北朝鮮は〇七年一一月から寧辺の核施設の活動停止と封印に着手した。米国も、翌年の一〇月までに北朝鮮をテロ支援国家の指定から除外し、対敵通商法の適用を終了する作業に着手した。だが、初期段階の措置の進行過程で、ブッシュ共和党政権の後を受けた民主党オバマ政権は前述のように、北朝鮮の核兵器開発に関わる政策変更を前提とした「戦略的忍耐」をもって北朝鮮に対応する構えを見せた。それに対して、北朝鮮は自前の軽水炉開発と「自衛的核抑止力」の強化で応じた。なお、〇九年五月、北朝鮮は二回目となる地下核実験を断行し、初期段階の措置は中途で行き詰まることになった。

ところで、オバマ政権の「戦略的忍耐」は、自衛的な核抑止力の強化を追求すべく核実験やミサイル発射実験を繰り返す北朝鮮との直接対話を回避し、国際制裁や日米韓の連携による独自制裁で対応し、北朝鮮の政策変更を促すものであった。だが、望むような効果は得られず、それどころか、逆に北朝鮮の核抑止力の追求を助長したと考えられる。

オバマ大統領の在任中、北朝鮮は四度の核実験（通算で、二〜五回目）を成功裏に実施したが、回を重ねるごとに爆発規模は増大した。また、この間のミサイル発射実験でも、「北極星二」や「ムスダン」と呼ばれる射程二〇〇〇キロメートル以上の長距離ミサイルの発射にも成功し、すでに実戦配備されていると見られる。さらに、北朝鮮経済は国際制裁が強化された〇九年と翌年こそマイナス成長を余儀なくされたが、一一年以降は国際制裁の継続下でもプラス成長に転じた。

こうした核兵器開発の進展、逆風下での経済状況の一定程度の好転により、一三年三月には北朝鮮は「経済建設と核武力建設を並進させることに対する新たな戦略的路線」を提示している。この経済・核武力建設の並進路線は、「核開発を進めることで経済制裁の強化などにより経済開発がおざなりになるのではなく、逆に核抑止力を得ることによって米国との戦争の可能性を減少させることができ、そのうち北朝鮮が主張する米国の『対北朝鮮敵視政策』（これには経済制裁も入る）を止めざるを得なくなるのだから、安心して経済建設に邁進することができる」という考えに基づいている（三村光弘、二〇一七年、一六八頁）。

このように、「戦略的忍耐」は、北朝鮮の「自衛的核抑止力」の強化に時間的猶予を与えたのみならず、米国に対する核抑止力の構築という野望を持たせ、同時に米国との対等な交渉関係を構築しようとする誘惑へと誘う結果になった。その後、一八年四月には早くも経済・核武力建設の並進路線を修正し、経済重視の新たな方針を打ち出し、人民生活の向上に注力することを明らかにした。これはその年の一連の動きに事前に備えた措置であり、その一週間後には金正恩が板門店の軍事境界線を越えて南北首脳会談に臨み、「板門店宣言」を発表することになった。

以上のように推移した核交渉は、二〇一八年の一連の会談と合意に基づく「朝鮮半島の非核化」に沿って、「北朝鮮の核問題」を解決に向けて歩ませたが、この間北朝鮮は数的に核兵器保有を増大し、対米抑止力として着実に機能する方途を得ようとしている。膨張した北朝鮮との和解には、もはや原因療法しか道は残されていないようである。

核・ミサイル開発の意図・目的・論理

以上、改めて北朝鮮の核兵器開発の背景と意図、目的と論理を整理してみれば、まずその核兵器開発の背景には、冷戦の終結過程での韓国に対する経済・外交的な劣勢と、ポスト冷戦期の国際構造の再編を米国一極支配とみなし、その米国が旧ソ連・東欧諸国のように自国を倒壊させるべく計画しているとの脅威認識がある。それは、南北朝鮮関係の不均衡と米国に対する安全保障上の恐怖に基づくが、その漸進的な解消のためには、自国経済の向上によって、韓国に引けを取らない外交関係を構築し、米国に政策変更を迫り、安全保障体制を構築しなければならない。その実現が核兵器開発の目的ということになる。

またそのためには、「朝鮮の統一問題は米国人らに多くが左右されています。南朝鮮は米国の完全な植民地であり、南朝鮮の執権者は米国人らの言うがままに動く手下に過ぎない」と位置づける韓国の頭越しに（『金日成著作集』四四）、米国との厳しい交渉を行う必要もある。そこで対米交渉材料として、自国の核開発（疑惑）を活用することになった。そして、その交渉過程では主として核兵器開発を疑惑に止めつつ、核兵器保有を宣言するとともに、裏付けとして核実験の断行によって「自衛的核抑止力」の強化を図るなど、核兵器開発への意図は強化されるようになった。また、核開発の論理も、貿易不振を契機としたエネルギー不足による原子力の平和利用から、安全保障上の核抑止力の強化という核兵器開発の論理構築へと増幅する結果となっている。

第四章　北朝鮮にとっての「安全の保障」

冷戦期の北朝鮮の「安全保障」

「建設と革命」を遂行するための国家として成立した北朝鮮が未完の国家として自己規定していることは、これまで幾度か言及してきた。その至上命令としての「建設と革命」は、北朝鮮の建国以前の「北朝鮮労働党」創立期にまでさかのぼる。北朝鮮労働党は、一九四六年八月に北部朝鮮地域に誕生した共産党組織である。*その創立に前後する時期、米ソは朝鮮半島を南北に分割して占領し、信託統治について話しあったが、臨時朝鮮政府の参加資格をめぐる対立を引き起こし、協調的な統一独立国家の樹立構想を破綻させかけていた。この情勢変化を捉え、北朝鮮労働党は「北朝鮮の民主主義根拠地を一層強固に」建設し、「我々の民主主義的全課業（革命）」を「全朝鮮で実行」することを党の任務として定めた。

＊解放直後の四五年九月にソウルを拠点に再建された「朝鮮共産党」は、ソ連の後援で新たに北部朝鮮に設立された「朝鮮共産党北部朝鮮分局」を承認した（四五年一〇月一〇日）。その後、この分局を含め、朝鮮共産党は最終的に、北朝鮮労働党と南朝鮮労働党に分かれたが、この南北労働党が四九年六月に合党し、現在の朝鮮労働党となった経緯がある。こうした経緯から、朝鮮労働党創党日は、分局設置日（一〇月一〇日）としている。

当時、すでに北朝鮮労働党の首班の座にあった金日成の「民主基地」論と呼ばれるこの路線は、「北朝鮮に民主主義人民共和国を樹立し、その後に北朝鮮に建設される『根拠地』から南朝鮮を解放し、祖国を統一する」という、「金日成の『単独政府』論（先単独政府、後統一政府）であり、『武力統一』論」であった（小此木政夫、二〇一八年、三八八頁）。この「民主基地」論に基づく統一という北朝鮮労働党の悲願は、絶対的指導者金日成を介して、朝鮮労働党と北朝鮮に引き継がれた。それが第一章で紹介した、党規約前文に記される「当面の目的」、「最終目的」である。

「フィクション」の核心的な内容である「建設と革命」は、若干の修正を施しつつ、金正日・金正恩の時代へと継承され、実に七五年以上の歴史を有しているが、当時の北朝鮮の安全保障とは、分断が予見されるなかで、民主主義の根拠地としての北朝鮮の建設のためにソ連の庇護と後援が不可欠であり、やがてそこを基盤に武力を用いてでも南部朝鮮地域を解放する環境を整えることにあった。そのためにソ連をはじめとする後援国に人的・物的支援を仰ぎ、軍事力の拡充を図り、加えて南部朝鮮の後ろ盾である米国の朝鮮半島からの排除による軍事介入の阻止が安全保障上必要とみなされた。

しかし、韓国・北朝鮮の建国後、北朝鮮が南朝鮮（韓国）解放を目論んで勃発した朝鮮戦争では、米軍を主力とする国連軍がただちに軍事介入した。その結果、南朝鮮解放を目指した革命は失敗し、さらに戦争が停戦に至った結果、韓国には米韓同盟に基づく在韓米軍が駐留することになった。これにより、北朝鮮は社会主義に立脚した共産主義社会の先建設後革命を余儀なくされ、他方で米国の脅威の除去を、自国の安全保障上もっとも考慮すべき課題とした。実際、北朝鮮が朝鮮戦争の停戦以降、統一方案を提起するたびに、朝鮮半島からの「駐留外国軍の撤退」を主張し続けたのは、そのためである。

その後、韓国で「五・一六軍事クーデター」（六一年五月）が発生し、反共主義軍事政権が誕生するに及んで、北朝鮮は同年七月に、ソ連・中国とそれぞれ「友好、協力及び相互援助条約」を締結し、朝―中ソの同盟関係を構築し、対米脅威に備えた一定の抑止力を手に入れた。

言い換えれば、六〇年代初頭までに、東側陣営の盟主であるソ連と地域大国の中国との同盟の結成を通じて、朝鮮労働党率いる北朝鮮は共産主義社会の建設と、最終的に目論む南朝鮮革命の実現に向けた国際政治環境を確保することに成功したのである。

ところが、そうした国際環境は短期に終わった。六一年一〇月、ソ連共産党第二二回大会に出席した金日成が、自国の安全を保障するはずの中ソ二大国間の深刻な対立を目の当たりにするからである。さらに、同年一一月には、いわゆる「金・大平メモ」（日韓会談最大の焦点であった請求権問題に関わる合意メモ）に基づく日韓会談が進展した。これは、二カ月前の九月に開催された朝鮮労働党第四次大会で表明された「日本軍国主義」の復活と、米国を媒介にした日韓連携による域内の緊張激化を裏付ける結果となった。

こうして北朝鮮は同年一二月、「我々の防衛力を鉄壁のように強化し、我々が常に動員態勢にあるときのみ、敵は敢《あ》えて我々に襲いかかれない」として、①全人民の武装化、②全国土の要塞化、③全軍の現代化、④全軍の幹部化を内容とする四大軍事路線を採択した（『労働新聞』六二年一二月一六日）。社会の末端に至る軍事化の徹底を求めたこの四大軍事路線は、当時の北朝鮮なりの現実的な安全保障策であった。

さらに、六二年一〇月に発生したキューバ危機で明らかとなったソ連の軍事的な威信低下は、北朝鮮がソ連に安全保障を全面的に依存することの限界を露呈した。このような南朝鮮革命の実現を大きく阻むような日韓関係の進展と、ソ連に対する軍事提携上の懸念が、自主国防（四大軍事路線）やその後の「三大革命力量」論（六四年二月）という革命路線の新たな提起につながっていった。

六〇年代中盤から後半にかけては、前半期の守勢から攻勢へと転換しようとする動きが見られた。その典型は、金日成が「主体思想」を初めて公式に披瀝《ひれき》したことである。六五年四月、インドネシアのアリ・アハラム社会科学院を訪問した際の講義で、金日成は「主体を確立するということは革命と建設の全ての問題を独自に、自国の実状に合うように、そして主に自己の力で解決していく原則の堅持を意味する。……これは他人に対する依存心を捨てて、自力更生の精神を発揮し、自己の問題をあくまで自ら責任を持って解決していく自主的な立場である」と述べた。「思想における主体」、「政治における自主」、「経済における自立」、「国防における自衛」の確立が国家の独立を真に維持するためには必要であり、それを「主体」の思想と語った。

この思想は以後、北朝鮮が一貫して追求する立場として表明された。それは北朝鮮にとって、あくまで「事大」に反対する「主体」の意味を持ち、陣営内の足並みの乱れへの苛立《いらだ》ちに発しながらも自主国防に踏み出した自信が交差するなかで、独自の革命を自らの判断や論理で展開していく決意を示したものと言い換えられる。実際、北朝鮮はこのあと、「共産党及び労働党の相互関係は、完全な平等、自主、相互尊重、内政不干渉、同志的協助などの原則に基づいている。共産党及び労働党間においては、いかなる特権的党もあり得ない。大きな党や小さな党はあっても、目上の党や目下の党、指導をする党や指導を受ける党はあり得ない」（『労働新聞』六六年八月一二日）と主張するようになる。

だが、北朝鮮の「主体」の内実は、中ソをはじめとする社会主義陣営への依存関係と表裏一体をなすものだった。思想や政治における主体・自主は、陣営内で摩擦を引き起こすほどではない許容範囲に収まるものであり、経済・国防における自立・自衛は北朝鮮の国力から現実的には不可能だったからである。その意味で、主体（思想）の実態とは、依存をはらみながら「建設と革命」に邁進する国家としての政治的・対外的言動の自由の確保にほかならなかった。北朝鮮の安全保障は、依然、冷戦下の枠内における同陣営の盟主（ソ連）と地域大国（中国）が有した抑止力に依存したものであった。

七〇年代に入ると、米中和解という事態が突如として生じ、この国際環境の変化とその後の過程も北朝鮮の安全保障を不安定にした。中朝関係は従来、台湾と南朝鮮という「未回収地」

を抱える革命同志の絆《きずな》で結ばれるとともに、朝鮮戦争をともに戦った盟友でもある。そうした盟友関係に立脚して、中国は北朝鮮が米国に対して行う要求や意思表明を伝達する際のパイプ役を担っていた。

ところが、中国は米国との関係改善の過程で、台湾解放と南朝鮮解放の位置づけを差別化し、さらに朝鮮戦争停戦協定を平和協定化しようと画策する北朝鮮の意向を汲むことなく、反対する立場にある米国の意向に同調した。北朝鮮は、ニクソン大統領の訪中計画の発表に際して、米国が中国に屈服したとして歓迎の意を表明したが、内心は中国の裏切りに失望したふしがある。

また、米中関係の進展とともに、南朝鮮革命が台湾解放と差別化されたことで、北朝鮮は革命の遂行を朝鮮半島内部の問題に局限化すべく、南北朝鮮間の対話を開始した。その人的な交流も含めた接触のなかで北朝鮮は、韓国の驚くべき経済発展を目の当たりにした。韓国政府機関の統計では、「南北共同声明」が発表された七二年の韓国の国内総生産（ＧＤＰ）は、一〇八億六〇〇〇万ドル、北朝鮮は四六億二〇〇〇万ドルであり、韓国が二倍以上の経済力を有していたことが分かる。韓国の総人口が北朝鮮の倍であるとしても、ひとりあたりのＧＤＰは韓国が北朝鮮を上回る経済状況にあったことを示している。*

＊一〇年前（六二年）の韓国のＧＤＰは二三億八〇〇〇万ドル、対する北朝鮮は二〇億二〇〇〇万ドルであり、ほぼ拮抗《きっこう》し、ひとりあたりに換算しても、北朝鮮が経済的に優位な状況にあった。

「解放」すべき対象が、自国よりも大きく経済発展している現実は、北朝鮮にとって衝撃であった。北朝鮮は「南北共同声明」に合意した七二年に、計画経済の実施期間中であったが、基本的な社会主義化が達成されたとして社会主義憲法を制定した。この憲法は、党・国家の実質的な指導者を法体系のなかに国家の首班として位置づけ、その権威と威信を規定するものであった（大内憲昭《のりあき》、二〇一六年、二〇頁）。こうした国内体制の再編と同時に北朝鮮は経済のてこ入れのため、日本や西欧諸国との貿易を活性化した。この時期の西欧諸国からの借款導入は、ソ連からのそれよりも金額的に大きかったと指摘されており、また七四年の北朝鮮における対日輸入額は、対中国のそれよりも大きく、対ソ連のそれに迫る勢いだった。こうして、北朝鮮は西側先進国との貿易関係の拡大により、韓国との経済競争に対抗しようとした。

しかし、七三年の石油ショックの世界的拡大と七六年六月の米韓合同の軍事演習「チームスピリット」＊の開始によって、経済活動は想定どおりに進まなかった。石油ショックによる市場価格と輸送費の高騰によって、プラント輸入や貿易代金の支払いに困難が生じ、他方で軍事演習に対抗するための軍事投資が拡大した。そして、韓国で追加的に開始された大規模な軍事演習は、米国や韓国が自衛的な措置だと主張しても、北朝鮮からすれば、安全保障上の深刻な不安材料に違いなかった。

＊「チームスピリット」以前に、韓国では「フォール・イーグル」（野外機動訓練）と韓国軍が主体の「乙支《ウルチ》フォーカスレンズ」という軍事演習が実施されていた。いずれも六〇年代に始まった演習である。チームスピリットが九四年に中断して以降は、フォール・イーグルがそれに代わって大規模化し、同年指揮所演習を目的にした「キー・リゾルブ」と並行して行われるようになる（二〇〇二年からはこれらふたつの合同軍事演習は同時期に行われて現在に至る）。また、〇九年からは軍事作戦権の韓国への移譲を想定し、乙支フォーカスレンズは「乙支フリーダム・ガーディアン」と改称、実施されている。

これに先立つ米中和解の過程で、北朝鮮は中国を介した平和協定提案が不調に終わった結果、七四年三月に最高人民会議で「米国議会に送る書簡」を採択し、対米平和協定締結を提案する直接交渉を提起している。それまで南北間での平和協定の締結を主張していたことからすれば、北朝鮮の大幅な方針転換を示した。米中和解という地域的な国際環境の変容と中国への失望、さらに解放すべき対象の韓国が経済発展している状況から、あえて米国との直接交渉の実現を模索したものと考えられる。

この後、北朝鮮は米韓軍事演習が実施されるたびにその中止と対米直接対話、平和協定の締結の提案を繰り返していく。こうして、冷戦時代における北朝鮮の安全保障は、認識のレベルでは七〇年代を境に、冷戦下の対立的な「日米韓―中ソ朝」間の均衡が図られたものから、直接交渉を訴えながらも、米国との対決に備えるものに変質していったと言える。この時期はまだ認識レベルであったが、やがてそれは現実のものとなっていくのである。

冷戦終結以降（現在まで）の「安全保障」

一九八九年一二月二日、地中海のマルタ島で開催された米ソ首脳会談での宣言によって、冷戦は終焉を迎えた。冷戦終結によって北朝鮮は「建設と革命」の遂行どころか、国家崩壊の危機に直面していることを否応なく自覚せねばならなかった。その危機の中身を改めて整理すると、貿易相手国の旧ソ連・東欧諸国の喪失によって顕在化したエネルギー不足とそれによる経済の全般的な停滞、旧ソ連・ロシアと中国が韓国と国交を樹立したことによる事実上の朝―中ソ同盟の破綻であり、それらは「建設と革命」を実現するうえで必要とされた国際環境の瓦解《がかい》にほかならなかった。加えて、冷水害被害による食糧難と、米国一極支配に進む国際構造の再編が北朝鮮を襲った。冷戦期の安全保障がことごとく失われたと言ってもよい。

このような逆境において北朝鮮は、自国を苦境へと追い込んだ社会主義陣営の崩壊を米国の陰謀と認識した。同時に、それは第一に社会主義国家における革命継承の失敗、第二に社会主義及び共産党組織の変節、第三に共産党組織の軍隊掌握の失敗に起因するとの立場から、自らの教訓とした。そのうえで、北朝鮮は自国における「我々式社会主義」の堅持を明言することになった。

そのため、まず北朝鮮は、国父金日成の死去による金正日時代への移行を革命の正統な継承であると内外に明らかにし、次いで過去に朝鮮王朝が儒教にもっとも精通する中華文明の体現者であると主張したごとく、自国の社会主義の正当性と科学性を誇示し固守することを表明した。さらに「社会主義朝鮮への帝国主義勢力の挑戦と切り離して考えることができない」とされる軍事優先の先軍政治という非常事態体制を進めていくこととした。

これら教訓に基づく新たな対応は、国際環境の激変によってもたらされた危機への対策として打ち出されたものであるだけに、極めて内向的な性格の強い善後策となった。「建設と革命」の能動的な側面を有する革命の遂行は大きく後退し、体制の存続に国力の大半を注《つ》ぎ込むという、従来の国家の至上命令の変更を物語るものであった。というのも、革命の継承にせよ、自前の社会主義の固守にせよ、それを導いていく核（指導者と党）がなければ、国家が利益保護する人民も存在しないという「メタ・フィクション」な国家・社会を築いてきたからである。

したがって、そこでの北朝鮮の安全保障とは、対外的には米国の脅威を解消することであったが、加えていかなる事由でも現在の体制が望まぬ変化やそれによって引き起こされる体制転覆の懸念をすべて解消するという意味で、迫りくる国内外の危機への対応が考慮されなければならない状況ともなった。つまり、体制崩壊の危機は外部のみならず内部からも引き起こされるという懸念に縛られるようになった。実際には、それが「北朝鮮の核問題」の解決を難しくしているとさえ考えられる。

たとえば、前章で見たように、米朝「枠組み合意」や「共同声明」（第四回六者協議）は、一見すれば交渉過程での北朝鮮の要求がほぼ盛り込まれており、北朝鮮が受け入れやすい内容のように思える。しかし、それらの合意が現実に行き詰まってしまうのは、合意当事者の相互不信によって履行が妨げられてしまうという要素も大きいが、それと同等に、現在の体制が望まぬ変化に至ることがないように最大限配慮しなければ、北朝鮮は履行を進める決断を下せないという要素も大きい。

第一章で詳述したとおり、北朝鮮は各行政単位や学校・職場の隅々にまで張り巡らせた党組織、組織生活による集団・個人の管理・統制、金日成・金正日主義をはじめとする絶対的指導者の指針に基づく唯一のイデオロギーの徹底、そして情報規制などの高度な社会統制によって体制が維持されている。自他ともに信じているそうした体制は、体制の守護を「建設と革命」という国家の至上命令よりも喫緊の課題とした時点で、何よりも政治体制とそれをめぐる動向、そして社会秩序の安定を重視しなければならなくなった。

金日成曰《いわ》く、「われわれを一人の人間だと考えてみてください。彼らはわれわれのシャツとコートを脱がせたがっている。さらにズボンも。そうすればわれわれは裸、それも丸裸になってしまう。彼らが望んでいるのは、わが身を守るものを何も隠し持っていない素っ裸の人間になれということだ。これは受け入れるわけにはいかない。むしろ戦争を受け入れた方がいい。もしやつらが戦争をしたいというなら、戦争を受けてやろう。挑戦を受ける用意はある」というふうに思い詰めていると考えられる（オーバードーファー、三一九頁）。

つまりは、北朝鮮といくら合意に達しても、シャツやコート、ズボンの脱がせ方に対する考慮や自ら脱ごうとする方途への考えを欠くならば、北朝鮮は履行を躊躇《ちゆうちよ》し続けることにもなろう。

終章　「悪の枢軸」の亡霊からの解放

米朝軍事対決の「ホンネ」

二〇一七年八月、金正恩がグアム島周辺へのミサイル発射の検討を表明し、これに対してトランプが「米国を脅かせば、砲火と怒りに直面する」（『朝日新聞』一七年八月九日）と応酬して、米朝関係が軍事衝突間際の緊張状態に陥っている時期に、たまたま私は北朝鮮に滞在していた。平壌の金日成広場では、児童・生徒たちの一群がプラカードや赤旗、国旗などを手に、米国との対決を意識した示威行進を行っている姿を見かけた。また、ある地方都市では車両上部を網で覆い、そのすき間に枝葉や枯れ木を差し挟んで迷彩を簡易に施し走行するタクシーやトラック、乗用車もあちこちで目にした。確かに、普段と異なる緊張感が国内に醸し出されていた。

他方で、至って平静・平穏な様子も垣間見《かいまみ》られた。平壌の大人たちはいつもどおりに出勤・退勤する日常生活を送っていたし、迷彩車両が行き交う地方都市の海辺でも、人びとはのんびり魚釣りに興じ、職場の仲間とともにバーベキューを楽しんでいた。このような北朝鮮国内における奇妙な緊張と緩和は、外部者の私から見れば、「メタ・フィクション」な国家・社会で、人びとはどんな状況下にあろうとも、指導者・党のなすことに命運を託して従うしかなく、自らの職務・役割をわきまえて、淡々と過ごしているがゆえの冷静さのようにも映った。

しかし、人びとの内心はどうだっただろうか。私が現地滞在中に会う人会う人が、トランプ(米国)の言動を話題にしたことで大方の想像はつく。人びとは外国人が滞在先のホテルなどで、時差なく国際放送を視聴できることを知っているから、私を情報源のターゲットにしたのだった。この時ばかりは、訪問先や食堂などで、いつも以上に声をかけられたし、道行く人との立ち話が長引いた。

人びとは口々に、「グアム島から出撃した米国の核戦略爆撃機が南朝鮮(韓国)に飛来して、わが国を攻撃しようとしているらしいが、それは本当か」と尋ねてきた。「そんな事実はないと思う」と私が返答すると、さらに「戦争になると思うか」と聞いてくる。「朝鮮から先に攻撃しなければ、先制攻撃はないと思う。朝鮮は先に攻撃を仕掛けたりしないと思うから、戦争にはならないのではないか」と答えると、決まって「それはそうかもしれないが、率直にトランプはどんな人物だと、日本で報じられているのか。話は分かる奴なのか。好戦的な人間ではないのか。奴が爆撃機の出動を命じて、先制攻撃しようとしているのではないのか……」と畳みかけてくる。「トランプは『アメリカ・ファースト』を口にし、世界の警察官的立場よりも、米国の国益を第一に考える人物だと報じられている。そのトランプはもともと企業の経営者だった人だから、合理的に物事を判断する人ではないかと想像している。合理的に見て、朝米間の軍事衝突は双方にとって明らかにコスパが悪いから、朝鮮がよほど米国の国益を損なっているとみなされない限り、不合理な戦争を選択するような人間ではないと思う」と私が話すと、納得したような安心したような表情を浮かべる。

逆に、私が「米国に対して核の抑止力を持とうとしたり、軍事的に対抗しようとしたりするのは、無謀なことのように思うが……」と問うと、たいてい「戦争や核兵器は嫌だけど、戦争になった場合の準備はできている。米国の言うとおりにすると、わが国はイラクやシリア、リビアのように無茶苦茶になってしまう。その悲惨な状況はあなたもよく知っているでしょう。米国がわが国に対する敵視政策をやめて、自主権を尊重するようになるまでは、軍事的な対応もやむを得ない。わが国を核兵器で脅しているのだから。一方的に負けるよりはいいでしょう」と自国の立場への理解を求めてきた。

現地でそんなやり取りをしている矢先、金正恩が「米国の行動をもう少し見守る」と発言し、これをトランプが「評価する」と応じたことで、一触即発の事態は遠のいたことを現地ホテルのテレビ報道で知った。そこで翌日からは、人びとと話すたびに、「かくかくしかじかの状況になったようだ」と情報提供すると、トランプの話でにわかに曇っていた表情が緩み、安堵《あんど》の表情で冗舌になっていく様子が見て取れた。

私には、この間における緊張と緩和のなかのある種の諦念的な冷静さや、対話のなかでの「厭戦《えんせん》だが米国との軍事的対決は避けられない」という悲壮な覚悟が、人びとの「ホンネ」であるという強い印象を受けた。そうした「ホンネ」を有しながら、一八年の南北・米朝首脳間の合意に接して、人びとは単に自国の核放棄や一方的変革を意味しない「朝鮮半島の非核化」に安堵し、期待していると考えられる。その期待は、ともに合意に達した韓国や米国はもちろん、日本の多くの人びとも同様に有していることだろう。そこで以下では、「朝鮮半島の非核化」の進展で求められる内容と、前章までに言及してきた内容を踏まえながら、北朝鮮はいかに変われるのかについて検討してみることにしたい。

内在論理と「非核化」

第三章の表に示した「朝鮮半島の非核化」（「北朝鮮の核問題」を解決するために実施されうる方途の内容）が、冷戦の産物である朝鮮半島での長年の分断と対決、また何十年にもわたる米朝間の緊張状態や敵対関係、すなわち朝鮮半島の紛争構造にメスを入れるものであることは指摘した。それはつまり、紛争を前提として、その構造の造成とともに南北朝鮮で形成されてきた国家体制の変化をも余儀なくさせるものであることは言うまでもない。

冷戦の終結過程以降、政治的な民主化と社会的な自由化、そして政権交代を通じて「分断体制」を徐々に解体させてきた韓国とは対照的に、北朝鮮は体制の守護を党・国家の至上命令よりも喫緊の課題に位置づけて死力をふりしぼり、外部圧力によるその変化を拒絶している。*改めて言えば、変化を拒絶する体制に変化してもらわなければ、問題の解決がおぼつかないところに「朝鮮半島の非核化」を進めるうえでの難しさがある。

*「分断体制」とは、「直接に対峙《たいじ》している敵の存在を前提とし、敵と対抗・競争するために国民を動員・統制の対象とする、権威主義的な政治体制」のことである（森山茂徳《しげのり》、一九九八年、二頁）。

このことをより具体的に言えば、「朝鮮半島の非核化」の表のうち、第一の「朝鮮半島の完全非核化」では、北朝鮮が核兵器、ミサイル、核物質の移転と廃棄、三〇〇カ所にも上るとされる核関連施設の稼働停止と封印、閉鎖と解体、核兵器開発に関与するヒト・モノ・情報の遮断を行うと同時に、その都度実施される査察体制の整備を行わねばならない。その実施には、秘匿すべき軍事施設への第三者のアクセス、軍事機構や軍需部門の再編、一旦保有した核抑止・ミサイル戦略能力によらない軍事的な安全保障手段の改編と構築、膨大なヒト・モノ・情報の管理と代替措置の実行が容易に想定される。だが、それらが体制の望まぬ変化と並行してどのように可能なのかという問題が浮上する。

第二の「朝鮮半島における平和体制の構築」では、朝鮮戦争の終結宣言がなされ、停戦協定はその役割を終えて平和協定の締結へと進んでいくことになる。しかし、問題はどういった主体間での、どのような中身の平和協定となるのかということに加え、もはや米国が敵対的な国家ではないということに北朝鮮がどう対処するのかという点にある。

北朝鮮はほぼその国家の歩みと同じ時間をかけて米国と敵対し、米国の脅威の除去を自国の安全保障でもっとも考慮しつつ、国の体制を整えてきた。現在でも、北朝鮮は「帝国主義の侵略から祖国の尊厳と自主権、革命の獲得物を守ることは、特に重要な問題として提起」し、

「間断なく続く米帝国主義との対決で連戦連勝し」てきたがゆえに、「我々の精神的・道徳的優勢と党の周りに一つの思想、一つの意志で固く団結した軍民大団結の威力が」形成され、「我々の力と技術、我々の資源をもって、我々の方式で社会主義強盛国家建設を推し進めて人民の楽園を築き、祖国と民族の限りない繁栄をもたらすことができるようになっ」ていると主張している(『労働新聞』二〇一五年一〇月五日)。

その反作用的な存在が喪失された時、北朝鮮の体制は大きな空虚を味わうことが予想される。なぜなら、米国の脅威を体制の正当化や政策遂行・国民動員の手段に活用できなくなると同時に、「社会主義は資本主義との闘いを通して生まれるものであり、また反動派の反革命的攻勢にさらされながら社会主義を建設しなければならないのであるから、軍事力の優先は避けられない」と説明づける金正日の先軍政治方式の再考が要求されてしまうからである(金哲佑《キムチヨルウ》、二〇〇二年、二頁)。

また、日米との国交正常化が成し遂げられていくことになる。その場合、たとえば「日朝平壌宣言」での取り決めのように、無償・有償の資金協力と借款供与、国際機関を通じた経済協力、民間経済活動の支援のための国際協力銀行などの融資と信用供与などを通じて、莫大なヒト・モノ・カネ・情報が北朝鮮に流れ込む。その結果、体制維持とともに「メタ・フィクション」な国家の重要な装置である社会統制は、行政単位の隅々にまで張り巡らされた党権力のもっとも脆弱《ぜいじゃく》な末端組織から融解していく可能性が高く、モノやカネの力によって、組織生活による個人・集団の管理は十分な束縛機能を発揮することができなくなる形で弛緩するだろう。加えて、唯一のイデオロギーの徹底もまた、自己の利益追求に重点が置かれることになり、反権力以外の領域では一定の思考の自由を容認せざるをえなくなる。そして、メディア規制も最低限の不都合な情報の管理へと進んでいく状況となり、総じて統制力が縮小化していくと予見される。

さらに、第三の「南北朝鮮関係の改善と発展」では、南北朝鮮の交通インフラの連結、共同造成事業の拡大と深化、それに伴う各層間の往来と接触が頻繁化し、情報統制においてももっとも注意を払ってきた韓国の実像という情報が人びとに浸潤していくことになる。それは今や北朝鮮においてその実践が大きく後退することになった「革命」論理に致命的な影響を及ぼしかねないことが予想される。北朝鮮の人びとが、経済的に豊かでインフラが発達した韓国が果たして「解放」されなければならない存在なのかと、疑念を抱くようになるからである。

こうした「朝鮮半島の非核化」とともに表出するに違いない軍事の領域、体制の正当化に関わる領域、社会統制と「革命」の論理にわたる領域の矛盾や再編に、北朝鮮の体制はいかにして臨むのであろうか。またはその体制がどれだけこうした変化に耐えうるのかが「朝鮮半島の非核化」を進めていくうえでの重大な試金石となる。

そもそも北朝鮮が体制の守護に固執し、外部圧力による変化を拒絶するのは、金日成が創始した主体思想を党の「偉大な指導思想」としていることと関連がある。そこでの「主体」とは、反「事大」のことであり、自らが決定しない、容認しない事柄や変化は拒絶するという自己主張の表れである。北朝鮮の認識では、国家の危機は主として外部から訪れたのであるから、「事大」に甘んじて体制や社会を開放・改革していくことは、主体思想の創始者である金日成にはできなかった。

冷戦の終結過程は、北朝鮮が大胆に変化（改革・開放）するひとつの契機となったかもしれない時期であるが、その時に金日成はいまだ健在であったのである。また、金日成と二〇年余り二人三脚で党・国家を率い、主体思想の体系化に努めてきた金正日もまた、変化することは指導者の無謬性を自ら毀損することとなり、その選択の余地はなかっただろう。

それはともあれ、主体思想は、北朝鮮の人びとであれば誰でもすぐに口をついて出てくる「自己の運命の主人は自分自身であり、自己の運命を切り開く力も自分自身にある」という考えをもっとも基本にしている。しかし、北朝鮮で自己の運命とは「建設と革命」に邁進することであり、そこに自由なロジックは存在しない。「建設と革命」の主人となって切り開いていくうえで、そのゴールと羅針盤を与えるのが指導者であり、羅針盤に応じてその進路へと導いていくのが党である。

金日成は、主体思想に基づいて、人びと（人民）の運命、すなわち「建設と革命」のゴールを設定しただけでなく、ゴールへとたどり着くための道標《みちしるべ》やその具体的な方策と組織構造、そして道標どおりに方策を進めるための指導者・党と人民の渾然《こんぜん》一体化した体系を作り出した。これらを包括して「金日成主義」という。また、金正日は「金日成主義」を党・国家・社会のあらゆる領域で徹底を図るとともに、指導者・党と人民の職務・役割を明確にし、その渾然一体化した体系を「仁徳政治」、「血縁の情」によって、疑似的な家族国家としてまとめ上げた。この功績を加えたこれら全体を総括して「金日成・金正日主義」という。北朝鮮の現在の体制は、大まかにこのような内在論理（イデオロギー）を有している。

つまり、主体思想は、指導者・党が至上命令化する「建設と革命」へと人びとを動員するための働きかけの論理である。それに基づいて、人びとの行動様式を規定するとともに、それと指導者・党の関係を構築する体系が「金日成主義」である。さらにこの体系の必然性を人びとに徹底し、内面化させる仕掛けに施しを与えたのが「金日成・金正日主義」であると考えられる。

したがって、その内在論理は、どこまでも主体的な自己決定権の重視であり、指導者・党が人びとに働きかけを行う唯一の主体（存在）であるとの正当性を確保することの重視である。それゆえ、主体思想は指導者・党が「建設と革命」においてどのようなゴールと羅針盤を設定し、その羅針盤に応じて導いていくのかという事柄を規制するものではない。その意味で、指導者・党は状況に応じて、ゴールと羅針盤、その導きの方途を打ち立てうる決定の幅を有している。

このような観点から見るとき、北朝鮮が自己の決定であるとし、その決定に基づいて指導者・党が人びとを動員するなら、北朝鮮の内在論理が「朝鮮半島の非核化」において予想される変化の障害になることはないと考えられる。言い換えれば、現在の指導者である金正恩が状況を見計らいながら、「朝鮮半島の非核化」にそくしたゴールと羅針盤を再設定し、その導きの方途を打ち立てていくことは十分に可能であるということである。

金正恩は、冷戦終結過程で時の指導者に変化をためらわせた、主体思想を創始したという自負やそれを長年体系化してきたという自任はなく、主体思想を自己決定の論理として比較的自由に解釈できる立場にあると考えられる。だが、金正恩にそれに向けた変化を決断させるには、中長期的な金正恩体制との共存とそのもとでの変化の期待を周辺国が容認し共有するという覚悟が必要となろう。

政治体制と「非核化」

このように、「朝鮮半島の非核化」をめぐって想定されうる変化が内在論理のうえでは抵触を回避することができ、主体思想の範囲内で糊塗できる可能性があるとはいえ、その論理によって実体化されてきた体制やその下の組織構造などはダメージを免れえないだろう。先に指摘したように、非核化と並行して進められる措置のほとんどすべてで、体制に関わるいずれかの領域での再編が予想されうるからである。その再編が体制の守護にとって望まぬものであるとみなされれば、措置の一部または全部が滞ってしまうことにもなる。

現在の北朝鮮の体制を、唯一の指導者（司令官）のもとにすべての国民が遊撃隊員（正規軍人）であることを求める「遊撃隊・正規軍国家」（和田春樹、二〇一二年、一一九・一九二～一九五頁）とみなすか、「首領の領導を代を継いで継続的に実現することを目的とする体制」である「首領制」、またはその崩壊過程に入っている状態（鐸木《すずき》昌之《まさゆき》、二〇一四年、一五・二九五頁）とみなすかは別として、国家に多大な機能をなす突出した指導者（金正恩）が存在し、その指導者や独裁党（朝鮮労働党）が依拠し、統制の手段とするイデオロギー（主体思想）を有して、その下に個よりも全体（「建設と革命」）に尽くす国民が包摂されているという点で、北朝鮮が全体主義国家であるのは間違いない。

実際、北朝鮮は、全体主義国家の特徴の一端である側面を備えている。すなわち、個人崇拝が社会を覆い、そこでは独善的な決定と思考が支配すると同時に、反権力の言動を階級闘争観に立脚した敵・味方の二分法的な見方から厳しく弾圧し、またそれがために国家政策は開放・改革志向的なものよりは、内向・現状維持的なものが選好されやすいという現実がある。だが、裏を返せば、そうした現実は、変化に対する限界であるとともに、変化可能な上限であるとみなすこともできる。

とはいえ、個人崇拝やその個人指導者の独善的な決定と思考に対する不可侵性は、ほかに代えがたい指導者の存在とその無謬性を意味するのであるから、これらの面の変化を望むこと自体困難である。したがって、変化可能な上限は、反権力に抵触しない空間、内向・現状維持的な政策選好の空間に見出《みいだ》すしかない。それゆえ、先にも述べたように、体制内改革はひとまず体制自身の必要に任せ、中長期的な金正恩体制との共存とそのもとでの変化の期待を容認する環境を作ることが必要だろう。それを前提に、非核化を進展させていく余地を構想するなら、たとえば「朝鮮半島の非核化」においては、体制の変化にすぐには結びつかない「朝鮮半島における平和体制の構築」を先行して進めていくのはどうであろうか。

二〇一九年二月に二度目の米朝首脳会談が実質的に決裂して以降、北朝鮮はその後の米国の政権交代も念頭に置き、再び米国との対決状況が継続していくこと、国際制裁が緩和されないことを前提にした対応措置を取るようになっている。二一年一月に開催された朝鮮労働党第八次大会では、その年に始まる「国家経済発展五カ年計画」（二一〜二五年）が採択された。その五年間の経済分野での目標は、「……我々の経済をいかなる外部からの影響にも左右されることなく、円滑に運営できる正常な軌道に乗せること」であるという（『労働新聞』二一年一月九日）。

また、軍事の分野では、「核戦争抑止力をさらに強化する」と同時に、「軍の最精鋭化、強兵化へ引き続き拍車をかけ、いかなる事態の脅威と不意の事態にも、国家防衛の主体としての使命と役割を果たせるようにしっかりと準備」し、「国防科学技術をより高い水準へと引き上げ、軍需生産の目標と課題を無条件に遂行」するとしている（同紙、二一年一月一三日）。つまり、制裁にも影響を受けない自力更生的な経済の土台確保と、米国との軍事的対決の長期化への覚悟、核抑止力の完成や兵力の近代化・科学化と軍需生産の好循環を通じて、米国と対等な交渉を行うための軍事的な担保の獲得を図っていると言える。*

*本書執筆中に北朝鮮は、「超音速ミサイル」や「新型潜水艦発射ミサイル」などの試射を敢行した（二一年九月二八日、一〇月一九日など）。これは北朝鮮が第八次党大会開催以降進めている「国防科学の発展と武器体系開発五カ年計画」（二一～二五年）の一環である。より具体的には、「全地球圏打撃ロケット」、「多弾道個別誘導技術」、「極超音速滑空飛行戦闘部」、「新原子力潜水艦」、「電子兵器・無人打撃装備・偵察探求手段・軍事偵察衛星」の完成を目指している。

そうした北朝鮮の目論見が計画どおりに進むかは大いに疑問が残るにしても、北朝鮮の対応措置を静観するなら、「戦略的忍耐」によって軍事力の増長を許したオバマ政権期の二の舞となってしまい、ますます交渉による解決が複雑かつ困難を極めることになろう。果たして周辺国は、またもや従来の合意をご破算にして、軍事的に膨張した北朝鮮と交渉を行う道を選択するのだろうか。または、軍事的膨張の時間と余地を与えておきながら、脅威が限度を越えたとして、ドミノ倒しのような軍事化の拡散を許したり、外科手術を行ったりする愚を犯すのだろうか。だが、現時点でもできることはある。それが「朝鮮半島における平和体制の構築」を先行して進める方策である。

そのためには、北朝鮮と韓国、米国が「板門店宣言」、「米朝共同声明」の内容と履行を再確認するための対話をただちに開始しなければならない。その対話のなかで、米韓は北朝鮮を一八年四月の党の新たな戦略的路線＝核実験とＩＣＢＭ試射の中止及び核実験場の廃棄、核兵器の不使用と移転しないことの確約の時点へと引き戻すことを試みる。その試みが成功したら、米国は北朝鮮との直接交渉を開始し、そこで両者は朝鮮戦争の停戦協定を平和協定に転換するための南北・米または南北・米・中会談の開始に合意する。その三者または四者会談のなかで、朝鮮戦争の終結宣言を行うとともに、「朝鮮半島非核化地帯宣言」の合意と同時に、「朝鮮半島の完全非核化」を段階的に履行することを盛り込んだ平和協定を締結する。そうして会談の場を新たな六者協議に格上げして、南北以外の四者は「朝鮮半島非核化地帯宣言」に合意する。

その目的の主眼は、米国の脅威を体制の正当化や政策遂行・国民動員に活用させがたい状況を醸成しつつ、中長期的な金正恩体制との共存を周辺国が容認したという交渉環境の構築を優先的なターゲットとすることである。言い換えれば、国内外の反権力の恐怖を相対化させ、内向・現状維持的な政策選好を刺激して、北朝鮮の主体的な決定として「朝鮮半島の非核化」にそくしたゴールと羅針盤を再設定し、その導きの方途を打ち立てていくよう誘導することである。

こうして、「朝鮮半島における平和体制の構築」の一定の進展があって初めて、「朝鮮半島の非核化」とともに表出してくる軍事、体制の正当化、社会統制、「革命」の論理の領域に関わる体制の変化を議論することが可能となるのではないだろうか。

以上のような北朝鮮をめぐって輻輳《ふくそう》する状況やその背景、争点と展開、これを踏まえた解決の方途を構想するためには、「悪の枢軸」の正体を、今一度ありのままに捉えることが求められるに相違ない。

朝鮮半島の平和構築に向けて

周知のように、北朝鮮の国名は、「朝鮮民主主義人民共和国」である。大韓民国を韓国、イラン・イスラーム共和国をイランと略称するのに対して、略称ですらない「北朝鮮」という呼称が一般的に使われ続けていることに、日本と北朝鮮の関係のいびつさが見られる。それだけではなく、北朝鮮の国名をめぐっては、別のいびつさ、すなわち本書で言及してきた「メタ・フィクション」な様相も潜んでいる。

「朝鮮」は、『三国史記』(一一四五年完成)にも現れる歴史的な名称である。一四世紀末の朝鮮王朝から使用されるその国号の採用にあたっては、当時高麗王朝を朝貢国として従えていた中国・明《みん》王朝の皇帝太祖《たいそ》（洪武帝《こうぶてい》）が、「朝鮮」、「和寧」のふたつの候補のなかから朝鮮を選んだという経緯がある。その国号を冠した朝鮮王朝（一三九二〜一八九七年）は、世界的に見ても極めて長期に及び、朝鮮という名称を周辺に知らしめることになった。だが、朝鮮という国号採用の経緯のみに着目すれば、事大主義の影を感じざるをえない。

事大的であることを憎み、主体を標榜・実践してきた北朝鮮は、奇《く》しくも国名に朝鮮を冠している。主体の国でありながら、内実は不信感を抱きながらも、中ソ（露）の経済的、軍事的な後援を仰がなければならない忸怩《じくじ》たる思いが朝鮮に投影されていると考えるのは、こじつけすぎだろうか。そして、国名に付された「民主主義／人民共和国」にも、同様の投影が見られるのではないだろうか。

北朝鮮は、「米帝植民地南朝鮮」への対抗上、朝鮮半島を民主主義的で理想的な共産主義社会とすることを理想として掲げ誕生した。その実現の方法論として、自国を民主主義の砦《とりで》とし、民主主義の優越さを南朝鮮に波及させ、それに共鳴する南朝鮮の反米・民主化勢力との間で統一政府を樹立するという道筋を志向して現在に至る。

その方法論（「民主基地」論）は、今や韓国の現実によって「フィクション」化している。それでも北朝鮮は、「メタ・フィクション」な国家としてその方法論を放棄していないだけでなく、指導者は人民の絶大な支持を受け、党・国家の「推戴」（推薦）を介した民主主義を通じて地位を保持していることを強調する。内情はともかくも、国号と同様に、民主主義的であるべきことがそこに投影されている。

さらに、国家を牽引《けんいん》する指導者や党は、衆望を一心に集めた統治を行い、「人民大衆第一主義」を掲げる。あくまで人民が主権者であり、指導者は人民の願いを実現する導き手、党は人民への奉仕者であるとして、自国の人民共和国という性格を内外にアピールし続けてきた。これも、内実はさておき、人民共和国であり続けることへの義務感を投影している。

つまり、「朝鮮民主主義人民共和国」という国名は、現実との齟齬《そご》があろうと、自国を形容し追求すべき「メタ・フィクション」に固執しなければならない名称となっている。「北朝鮮」という呼称は、そうした「正体」を照射するものではない。

その北朝鮮は、自らが冠する「民主主義人民共和国」や、至上命令とする「建設と革命」がフィクション化している現実を自覚している。しかし、そのフィクション性の深化への焦りのなかで、フィクション化した内情を露呈させずに、また体制に亀裂が走らないように漸進的な形でノン・フィクション化していこうとしている。そのために、体制の守護を至上命令よりも喫緊の課題に据え、それを侵害する外部の敵とも対決せざるをえない。北朝鮮自身がフィクション／ノン・フィクションの交錯した現実を自覚しているならば、対決の継続は、北朝鮮にノン・フィクション化に向けた内発的な努力を回避する口実を与えるだけとなる。

そうした北朝鮮自身も、もちろん北朝鮮を取り巻く周辺国も、現状を望ましいとは考えていないはずである。そうでなければ、二〇一八年に一連の合意が成立した説明がつかない。また、北朝鮮に対する「対話と圧力」とはいうものの、圧力に重心を置いた対決的なアプローチが、少なくともこの二〇年間、事態の進展や改善につながらなかったことは誰の目から見ても明らかであろう。とりわけ、安倍晋三政権が「命運を賭ける」と力説していた日朝間の拉致問題はどうだっただろうか。北朝鮮が拉致の事実を認めたことで、北朝鮮への憎悪のみに目がくらみ、進展がなければ対話を行わないとし、今や解決へのアプローチの拙《まず》さを省察することができなくなっているのではないだろうか。

岸田文雄《ふみお》新政権が朝鮮戦争の終戦宣言に「時期尚早」との立場を表明したと伝えられている。前述したように現状の打開を図るには、「朝鮮半島における平和体制の構築」から手をつけざるをえず、その点で日本政府の認識は依然として目がくらんでいるように思える。「メタ・フィクション」な国家であり続ける北朝鮮の変化を期待し、それを迫ることとは、東アジアの安全保障にとって最重要課題のひとつであろう。しかし、そのためにはまず関係国が朝鮮半島をめぐる歴史認識自体を再考し、今一度平和体制の構築のあるべき姿を北朝鮮とともに考究すべきではないだろうか。さもなければ、本書のテーマとなった「悪の枢軸」の亡霊から解放されることもないに違いない。

第一部の第三章～終章は、拙稿「朝鮮民主主義人民共和国の『安全保障』と非核化」（岩下明裕編著『北東アジアの地政治―米中日ロのパワーゲームを超えて』北海道大学出版会、二〇二一年、一九～四五頁）を大幅に加筆・修正したものである。

第二部　イランの「正体」

——米・イ対立の展開を中心に

吉村慎太郎

イランとその周辺

地図作成：㈱ウエイド

イラン・イスラーム共和国（イラン）

- 国土面積：1,648,195㎢（日本の約4.4倍）
- 首都：テヘラン
- 総人口：約8,400万人　• 公用語：ペルシア語
- 国教：イスラーム（12イマーム・シーア派）
- 名目GDP：約5,810億ドル（2019年）

第一章　現代史に見るイランの抵抗と挫折

「原理主義」というバイアス

一九七九年革命以来、今日まで続くイラン・イスラーム共和国は、しばしば「イスラム原理主義*」国家として紹介される。「原理主義」という呼称は、そもそも二〇世紀初頭の米国におけるキリスト教プロテスタントの運動に見られた頑迷さと狂信性を念頭に使われるようになった「ファンダメンタリズム Fundamentalism」という用語に由来する。当時日本に紹介された際には、「根本主義」と翻訳されたが、一九七〇年代以降に顕在化するイスラーム復興現象に対して、この用語は「原理主義」という訳語を与えられ、定着するようになった。こうした訳語の違いはあるが、負のイメージは変わらず、「イスラム原理主義」国家と呼べば、教条的で狂信的な国家のように性格づけられてしまう。

＊メディアでは一般に「イスラム」と表記して使用されるが、本論ではそれと区別し、その宗教的教義を前提とする場合には、原音に忠実に「イスラーム」と表記する。

ところで、「原理主義」という呼称は、深刻な誤解をはらみ、学問的な客観性や正確さに乏しいレッテルであると考えられる。日本でも欧米でも、中東・イスラームの研究者の間でこの言葉が好んで用いられることは決して多くない。実際、イランに劣らず政治と宗教の結びつきが濃厚なサウジアラビアや、二〇〇二年からイスラーム化を推進する「公正発展党」下のトルコの場合、果たして「原理主義」国家と呼ぶだろうか。また、「テロ組織」として知られるアルカーイダ、アフガニスタンのターリバーン、ＩＳ（「イスラム国」）、さらにナイジェリアのボコ・ハラムを「原理主義」組織と呼ぶことが多いが、それらとイランを一括《ひとくく》りにしてしまうことには、イランの政府も国民も迷惑このうえない誤解があると考えるに違いない。

重要なことは、国家や組織であれ、さらに「原理主義者」という個人であれ、「原理主義」とはイスラームの教義ではなく、そこに共通する反欧米（あるいは反西洋）の政治スタンスが顕著に見られることにあろう。第三者がそれを好んで用いるとすれば、イスラームへの先入観や誤解がそこにあることを指摘しないわけにはいかない。

それに関連し、イスラームにおける「ジハード」（聖戦）が「原理主義」の好戦的姿勢の代表例に挙げられる。しかし、聖典コーラン（クルアーン）には「防衛重視」の姿勢（たとえば、第二章一八六～一八八節、第二二章四〇節）が明記されている。その原義（「努力」）から、「筆のジハード」や「舌のジハード」という、「聖戦」よりも高次の非軍事的な「努力」の存在も知りうることになる。

同様に、「原理主義」の特徴のように取り上げられる女性の権利の軽視や侵害との関わりで、「四人妻」やヴェール（髪や顔、身体全体を隠す覆いもの）の強制も指摘されよう。だが、前者はメッカ・クライシュ族とのウフドの戦い（六二五年）に敗れたムスリム（イスラーム教徒）側に多くの戦死者が出たことで、孤児救済が急務となったという事情がある（第四章三節）。また、コーランは父・夫の財産の女性の相続権を認めており（第四章七～一一節）、女性への配慮が見られる。ヴェールも、ムスリム女性に「美しきところを隠す」（第二四章三一節）ように求めたに過ぎず、それらを歪《ゆが》めてきた家父長的男性社会にこそ問題がある。

イスラーム教義上のほんの数例を取り上げただけだが、その内容豊かで進歩的な側面を有するとも言える性質にもかかわらずイスラームが批判的扱いを受ける背景には、欧米世界の側で一握りの過激なムスリムの行動を説明するために都合の良いコーランの一節を探し出し、それがこの宗教の特質であるかのように語る場合もあれば、逆に過激な行動に訴える一握りのムスリムの側でも、自己の行動の正当化や支持拡大を狙って、教えの一部を悪用する場合もある。そうした背景の差異に注意しながら、事の正否を判断しなければならない。

イスラームの特徴は、神（アッラー）の徹底した唯一性を前提に、合理主義、個人主義、普遍主義の立場から、弱者の救済と解放、人類の共生と平和を訴える宗教であるところにある。また、宗派の違いだけでなく、さまざまな民族文化を吸収してきた歴史から、「ひとつにして多様」であるため、イスラーム＝「イスラームズ Islams」でもある。

米国におけるプロテスタントの運動への批判に始まり、そこでのメディア用語として、イスラーム批判のためにも便利に用いられるようになった「原理主義」とは、宗教的性格をまとった反（欧）米運動へのレッテルと言っても差し支えない。イスラームへの誤解を助長し、その世界との対話と共生を阻害するバイアスがそこにはある。イランを「原理主義」国家と呼ぶことは、反欧米的政治姿勢が顕在化するようになった一九七九年革命（「イスラーム」革命）の歴史的背景の理解を疎《おろそ》かにすることにつながる。遠回りでも、この国の近現代史を見ておくことは、なぜイランが反米化し、今なお米国と対峙《たいじ》するのかを私たちに教えてくれる。

大国の干渉と民族運動の挫折

世界が注目した一九七九年革命に至る歴史的背景として注目すべきは、激烈な民族運動の展開とそれに対する大国の介入が繰り返されてきたことにある。二〇世紀初頭の立憲革命（一九〇五～一一年）がその最初の事例であると言える。

当時のイランは一九世紀以来、英露による二極支配に悩まされてきた。二度のロシアとの戦争に敗北し、領土割譲だけでなく、不平等条約の締結もロシアに強いられた。また、英国との戦争にも敗れたイランは一九世紀後半には、英露に鉄道・電信線の敷設、鉱山開発、銀行開設など、さまざまな利権譲渡を余儀なくされた。そうした「売国的政策」に依拠しながら、時にガージャール王朝（一七九六～一九二五年）は専制支配を行ってきた。立憲革命は、憲法制定と議会開設により祖国の危機的状況を打破しようとした民族民主主義革命として知られている。

しかし、イラン支配をめぐって競合する英露は座視していたわけではなかった。当時、オスマン帝国（一二九九～一九二二年）との関係強化を通じてイランに触手を伸ばし始めたドイツに対抗しようと、立憲革命に当初好意的だった英国が一九〇七年協商によってロシアとの間でイランの国土を勢力範囲分割した。その機に乗じ、ロシアの後援を得た国王率いる王党派は、反革命クーデターを実行に移した。これにより復活した専制支配はしかし、立憲派市民軍の手で、わずか一年で打倒されたものの、それで終わらなかった。一九一一年にロシアはイランが採用した米国人財政顧問M・シャスターの罷免を要求し、さもなければ軍事侵攻すると脅しをかけたのである。英国もそれを黙認し、イラン政府は抵抗の構えを崩さない議会を自らの手で閉鎖し、その結果立憲革命はあっけなく幕を閉じた。

それから四〇年後の一九五一年に発生した石油国有化運動も同じく大国の介入で葬り去られた。モハンマド・モサッデグ（一八八二〜一九六七年）指導下の「国民戦線」（NF）を中心に展開されたその運動は、一九〇一年の利権（三二年に新契約締結）を有するAIOC（アングロ・イラン石油会社）が長年膨大な利益を上げてきた石油資源の国有化を目指した。その運動に対して、AIOCの大株主である英国政府は、イラン石油に対する国際的なボイコット包囲網を敷き、さらにソ連のイラン進出を恐れる米国（D・アイゼンハワー政権。一九五三〜六一年）の協力を仰ぎ、陰謀を立案した。五三年八月、クーデターが実行に移され、モサッデグ政府は打倒された。そこでは、CIAが用意した工作資金一〇万ドルで雇われた暴徒に国王支持の軍部が協力した。表面上は、権力を強化した首相と国王との間の国内権力闘争が装われたが、実態は米英両国が直接関与した露骨な内政干渉であった。首相モサッデグを含む主だったNF関係者二〇〇〇人以上が逮捕され、イラン石油は米系石油企業も参入した国際合弁会社によって、以後管理・支配される。

もちろん、イラン内政への大国の干渉は、決してそれらに止《とど》まらない。第一次、第二次世界大戦ともに、イランは「厳正中立」を宣言したが、前者では国土は同盟国と協商国間の戦場と化し、後者では英ソ共同進駐を受け、国民は塗炭の苦しみを経験したことも知られている。また、前者の途中に発生した一〇月革命で、ロシアがイラン支配から一旦離脱すると、戦後英国は一九一九年（英・イ）協定を押しつけ、単独支配を目論《もくろ》んだ。それは、テヘラン中央政府に対峙する北部二州での革命政権の成立という深刻な政治危機をもたらした。

地政学的重要性に、二〇世紀に新たに加わった豊富な石油資源の存在から、イランは南下政策を採用するロシア（ソ連）と、自らの植民地支配の保持・拡大のために対抗する英国が競合し、時に協力し合う歴史のなかで、従属を強いられてきた。そうした状況の打破を目指した民族運動も、それら大国の介入で潰された。誰も、そうしたイラン現代史の流れを否定することはできない。

独裁政権の成立と米国の登場

ところで、先述した民族運動への大国の介入が一過性のものであり、その後の事態が平穏に戻ったと考えるべきではない。介入後には独裁政権の成立が目撃されるようになるからである。

たとえば、一九二五年にガージャール朝を廃し、パフラヴィー王朝を興した国王レザー・シャー（一八七八～一九四四年）は以後独裁体制を構築する。必ずしも、その政変自体、英国の直接関与の結果とは言えないが、一九年英・イ協定で発生した深刻な政治危機から脱するために行われた二一年クーデターで突如台頭したことは間違いない（イランでは、そのクーデターも英国の「陰謀」と信じられている）。そして、レザー・シャー体制下では、不平等条約の撤廃や法制度面での近代化が急がれたが、三権分立を無視した政敵の徹底排除が実施された。特に、三四年以降には、世俗化・反イスラーム政策も導入された。

こうした国王レザー・シャーはナチス・ドイツとの良好な関係を問われ、英ソ共同進駐直後に退位に追い込まれた。その後を継いでパフラヴィー王朝第二代国王に即位した息子モハンマド・レザー・シャー（以下、シャー）の場合も、大国の介入後に独裁に走った点で同様である。そもそも、彼の即位には英国の意図が働き、当初憲法を遵守する「立憲国王」としての誓いを立てていた。しかし、先の石油国有化運動を打倒する五三年クーデターを経て、米国の支援を受けて独裁者に変貌した。

特に、このクーデターだけでなくシャー独裁成立に、米国が主要な役割を担ったことは、多くのイラン人にとって「青天の霹靂《へきれき》」に近いものがあった。それには、立憲革命でタブリーズ市民軍に参加し、命を落とした米国人教師H・バスカーヴィル、財政再建に骨身を削ったシャスター、さらに第一次大戦後と第二次大戦中にイラン財務省の組織再建を担当したA・C・ミルスポーなど、それまで米国人が行ってきた活動は多くのイラン人から肯定的に評価されてきた経緯がある。米国は従前の大国とは異なる善意の第三勢力として期待されていた。

しかし、イランの人びとのこうした素朴な「米善説」は見事に裏切られた。五七年にCIAがその組織化に手を貸したSAVAK（国家情報治安機構）によって、王政に批判的な勢力や政治的自由を求める活動家に対する徹底弾圧が実施された。トゥーデ党（親ソ派共産党）、NFの後継組織やリベラルな知識人まで、広く反体制組織関係者が次々に逮捕・投獄され、また拷問を受けるようになった。

さらに、六〇年代初頭に開始される「白色革命」がシャー独裁体制の強化策として導入されたが、それは米国（J・F・ケネディー政権。一九六一～六三年）のラテン・アメリカ向けの「進歩のための同盟」に対応した政策として知られている。農地改革、女性参政権、農村向けの教育部隊の創設、国営企業の民営化、森林の国有化、工業労働者への利益配分という、六項目からなるその「上からの改革」は、「白色」にシンボライズされた「穢《けが》れのなさ」と「革命」

に含意された国民の支持に基づく大規模改革として、近代化への邁進《まいしん》を謳《うた》いあげ、シャーが「開明的な国王」であることを内外に訴える好機でもあった。

しかし、そこに民主主義というあるべき政治的な近代化が欠落していた。もろ手を挙げてその実施を賛美した米国は、いっそうイラン国民の失望を買うことになった。

イスラーム反体制運動の胎動

ところで、イスラーム宗教勢力といえば、さぞかし時代遅れの「反動的」勢力と想像されるかもしれない。だが、先に挙げた民族運動の展開に常に寄り添う重要な役割を歴史的に果たしてきたことは見落とされてはならない。サファヴィー朝（一五〇一～一七三六年）が国教に据えた一二イマーム・シーア派*の場合、スンナ派と異なり、宗教学者の政治社会的影響力は強い。一八世紀以降に台頭した「オスーリー学派」の主張に沿って、イスラーム法解釈を行う最高権威（マルジャエ・タグリード＝「模倣の源泉」。以下、マルジャ）の見解に、下位の宗教学者や一般信徒も倣って行動することが制度的に定着するようになったからである。

*預言者ムハンマドの従弟《いとこ》で娘婿のアリーを正統な後継者とするシーア派のなかの多数派を占め、アリーとその直系子孫の計一二人を正統な指導者（イマーム）とすることから、この名称で広く知ら

れる。第一二代イマーム、ムハンマド・アルムンタザルは「隠れ」状態にあり、現世が悪に満ちるなかで「救世主」として再臨すると信じられている。

一八九〇年に英国人投機家に譲渡されたタバコ利権を、当時マルジャであったハサン・シーラーズィーが宗教令を発し、その結果翌年に撤回に追い込んだタバコ・ボイコット運動がこの制度に基づく民族運動の成功例として知られている。その後、立憲革命、レザー・シャー独裁に反対する抗議運動、そして石油国有化運動にも、マルジャでなくとも、高位の宗教学者たちが参画し、指導力を発揮した。

話を「白色革命」に戻せば、一九六〇年代初頭、マルジャとして多くのイラン国民から尊敬された「大アーヤトッラー」*のホセイン・ボルージェルディー（一八七五〜一九六一年）が死去したばかりであった。そのため、シャー政権は、先の六項目からなる「白色革命」に対して宗教勢力の反発は少ないと考えていたふしがある。しかし、その楽観的な予想は外れた。高位の宗教学者のなかで比較的劣位にあったが、マルジャに昇格したばかりのルーホッラー・ムーサヴィー・ホメイニー（一九〇二〜八九年）が痛烈な「白色革命」批判を展開し、重大な政治社会問題に発展するのである。

＊一九三〇年代からマルジャに用いられ始めた称号。アーヤトッラー（「アッラーの徴《しるし》」）、ホジャトル・イスラーム（「イスラームの証明」）、セガトル・イスラーム（「イスラームの信用」）という称号が順次下位の宗教学者に与えられる慣例となった。一〇歳前後で神学校に入学した神学生は以後研鑽《けんさん》を積み、そうした位階を徐々に昇り詰めることを目指す。

ホメイニーは先述した「白色革命」に盛り込まれた女性参政権の付与とその賛否を問う国民投票（六三年一月）も、シャー独裁体制下で「民主化」を装う欺瞞《ぎまん》的なものに過ぎないと非難した。また、シャー政権が「貧者の労働から膨大な富を蓄える……寄生虫」であるだけでなく、反イスラームの米国・イスラエルの「傀儡《かいらい》」であるとも言い放った。

こうした辛辣な批判を行うホメイニー、それに同調する宗教学者や説教師の大量逮捕がその後実施された。これによって、「ホルダード月一五日蜂起」（一九六三年六月五日）として知られる大規模な反シャー運動も発生した。これにも容赦ない弾圧が加えられ、わずか一日で五〇〇〇人以上の死傷者が出る惨事も発生したと言われる。しかし、シャー政権によるこうした弾圧で、事態は終息しなかった。

翌六四年一〇月、議会で可決承認された「米軍地位協定」が新たな火種となったのである。

沖縄の米軍兵士の犯罪行為で一躍知られるようになった「日米地位協定」のイラン版と言って間違いないこの協定は、駐留米軍関係者（いわゆる「軍属」）にさえ「外交特権」を公式に認める内容であった。さらに五年で二億ドル（一〇年返済で元本と利子で総額三億ドル）の借款協定をセットとしていたことから、ホメイニーはそれを「売国的」協定であると同時に、イスラームにとって「屈辱的」なものと捉えた。彼がそれをいかに問題視したかは、次の声明から容易に理解できる。

イランにもはや祝祭はない。……我々を、そして我々の独立が売り払われたのである。すべての米国軍事顧問、その家族、技術スタッフ……らがイランでいかなる犯罪を起こそうと、……バーザールの真ん中で米国人コックがあなたのマルジャにテロ行為を働こうとも、……イランの警察に彼を阻止する権限はなく、イランの裁判所にそれを裁く権限はない。……政府はイラン国民を米国の犬以下の存在にした。…米国大統領は我が国民にとって世界で……そして世界中の人々にもっとも嫌われた人間である……今日、コーランが彼に対する敵であり、イラン国民が彼に対する敵である。米国政府はこの点を思い知らねばならない。……今日我々のすべての苦難は米国に発している。我々の苦難のすべてはイスラエルに発している。イスラエルも米国に発している。……私は今や革命のなかにある。
（一九六四年一〇月二六日）

あまりの辛辣かつ扇動的な演説内容から、ホメイニーはその一週間後に逮捕され、即刻国外に追放された。以後、シャー政権は、一九七八年一月の反シャー運動発生までの一三年間、安定と繁栄の時代を過ごすことになる。その間、現状打開の政治イデオロギーとして、民族主義も社会主義も色褪《いろあ》せ、アケメネス朝ペルシア（紀元前五五〇～前三三一年）にまでさかのぼって、イランの民族的アイデンティティを捉える「国家ナショナリズム」に対抗するような政治的イデオロギーがもはやないように見えた。だが、ホメイニーは追放先イラクにあるナジャフの神学校で、イスラーム・シーア派教義を革命のイデオロギーに読み替える講義を行うなど、来るべき革命に備えていた。

これまでイランが歩んだ二〇世紀の歴史を駆け足で見てきた。そこには、この国の内政に幾度も干渉し、政治、社会、経済を蹂躙《じゆうりん》してきた大国の加害者性が認められる。国際社会では、世界の繁栄と平和、差別の撤廃と人権擁護、民主主義の実現が、米国や英国といった大国から当然のごとく語られる。しかし、ホメイニーは「米軍地位協定」批判のなかで、「米国は英国よりも悪く、英国は米国よりも悪く、ソ連はそれら両国よりも悪い。すべて（のそれらの国――筆者）はいずれよりも悪い」と表明していた。イランへの介入を繰り返した大国の横暴、非情さ、残忍さといった不条理を告発しないではおかない彼の揺るぎない反大国姿勢を、この発言からも読み取ることは難しくない。

第二章　革命下のイランと「大悪魔」米国

一九七九年イラン革命

シャー政権下のイランは、米国にもっとも信頼された、中東屈指の軍事力と経済力を有する域内大国として知られていた。革命直前（一九七七年末）にイランを訪問した米国大統領J・カーターが「世界のもっとも混沌《こんとん》とした地域にあって安定を誇る島」とイランを評したことにも、その点は認められる。しかし、大統領選で「人権外交」を掲げ当選した彼は、アイゼンハワー以来の米国歴代政権がシャー独裁を積極的に支援してきた歴史や、当時二五〇〇人以上の政治犯が投獄されていたイラン政治の現実を余りに軽視していた。

革命の達成には現状に対する不満・反感を抱く国民の存在だけでなく、彼らに期待を抱かせるビジョンを盛り込んだ革命的なイデオロギー、反体制運動に国民の参加を促す指導者の存在、それを支える組織的基盤など、革命勢力が既存の国家をしのぐ力を持つ必要がある。言い換えれば、革命勢力と比べて相対的な国家の脆弱性《ぜいじやくせい》が革命達成の重要な条件である。七〇年代後半のシャー政権は確かに脆弱化していた。

詳細は省くが、政治的自由・表現の自由の欠如は高校や大学、さらに海外留学を経験した青年層にとって大きな不満材料であった。まして、石油収入は王族、高官、取り巻きなどの富裕層にばらまかれ、高学歴で有能な青年層に行き渡ることはなかった。「白色革命」の柱であった「農地改革」の影響も見逃せない。

制限された大規模土地所有の代わりに、小作農に農地が配分されたとはいえ、その恩恵に与《あずか》れない農業労働者や小作農も数百万人規模に達した。彼らの多くは六〇～七〇年代に好景気に沸く大都市に移住した。日雇いの建設労働に従事した彼らは、七五年以降の景気後退から失業者となった。スラム街に暮らす彼ら貧困層は、本来敬虔《けいけん》なムスリムであったから、大豪邸で華美な反イスラーム的な生活を楽しむ富裕層に羨望や反感の目を向けても不思議ではなかった。

デパート建設、カジノ、キャバレーなど、どの国でも見かける近代化のひとコマは、首都テヘランやその他主要都市のバーザール商人ら、保守的な社会層の不満を蓄積した。都市部で顕在化する貧富の格差拡大、王族・支配層の腐敗や汚職も、広範な社会層を「潜在的」革命勢力に変える原因となった。そして、カーター「人権外交」は、それまで多用されてきた反体制運動の武力弾圧を「禁じ手」とした。それは皮肉にも、シャー政権の脆弱性を深化させる要因となった。

一九七八年一月、ペルシア語新聞『エッテラーアート』紙上でのホメイニー中傷記事*の掲載を契機に、宗教都市ゴムで神学生たちによる抗議デモが発生した。軍の弾圧で死傷者が出る事態となったことで、宗教的なアルバイーン（四〇日忌追悼集会）が反シャー運動と合体し、各地に周期的な抗議運動を拡散させた。ビルの屋上から「アッラーホ・アクバル（神は偉大なり）」が連呼され、日に日に激化する反シャー運動に、短期に交代する政府の対応もまた変化した。

＊「イランと、黒と赤の反動勢力」と題する記事であり、執筆者は当時の情報相ダーリユーシュ・ホマーユーンであった。記事では、ホメイニーを「植民地主義と結びついた……信仰なき冒険主義者」、「黒い反動」、「疑惑の過去を持つ人物」などと非難した。

この間、数十〜一〇〇〇人以上の犠牲者を出す惨事（八月のアーバーダーン・レックス映画館放火事件、九月のテヘラン・ジャーレ広場虐殺事件など）も発生し、シャー体制への敵意が鎮まることはなかった。七九年一月、癌《がん》治療の必要もあり、国外退去したシャーと入れ替わり、革命を遠隔操作してきたホメイニーがパリから一四年ぶりに凱旋《がいせん》帰国し、王政崩壊はほぼ決定的となった。二月に軍が中立を宣言し、シャー政権最後のシャープール・バフティヤール政府も総辞職し、革命が達成された。

「同床異夢」から「イスラーム革命」へ

以上、展開過程を素描した革命は、しばしば「イスラーム革命」と呼ばれる。だが、革命に参加した多くの国民や政治勢力が思い描いた新秩序は「イスラーム体制」に収斂《しゅうれん》したわけではない。確かに、激烈な反シャー運動では、抗議デモの先頭に多くのウラマー（宗教学者）の姿が目撃され、またホメイニーの肖像画も目立っていた。しかし、モサッデグの遺志を継ぐ民族主義組織NF、トゥーデ党（親ソ派共産党）、一九七〇年代初頭に青年層を中心に結成された左翼武闘組織「フェダーイーヤーネ・ハルク」といった世俗的政治勢力、イスラームと社会主義を融合した知識人アリー・シャリーアティー（一九三三〜七七年）の影響を受けた「モジャーヘディーネ・ハルク」（MEK）、さらにイスラーム・リベラリズムを説くメフディー・バーザルガーン（一九〇七～九五年）と盟友の宗教学者マフムード・ターレガーニー（一九一一～七九年）が率いた「自由運動」など、政治的に右から左まで多くの反体制組織が名を連ねた。また、クルド、トルクメン、アラブ、バルーチという少数民族も、地方での反シャー運動の組織化に貢献した。であれば、当然、それぞれに思い描く新秩序も一様ではない。シャー体制打倒が彼らの「同床」であり、漠然と語られた「イスラーム共和制」が「異夢」を隠していた。そのなかで、具体的構想といえば、ホメイニーの「イスラーム法学者の統治（ヴェラーヤテ・ファギーフ）」論であったが、その構想はホメイニー支持者を別にして必ずしも知れ渡っていたわけではなかった。

ナジャフの神学生を前に、ホメイニーが体系的にそれをいつから講じ始めたのかを正確に言うことは難しい（恐らくは一九六九年か七〇年）。ともあれ、その内容をかいつまんで言えば、預言者ムハンマドと歴代イマームのハディース（伝承）に基づき、第一二代イマームの「隠れ」後のイスラーム共同体の正統な統治権はイスラーム法に通暁し、公正さを兼ね備えた法学者（ファギーフ）にあり、「被抑圧者」なき理想的統治体制は革命によって実現するというものである。

リベラルなイスラーム主義者バーザルガーンの暫定政府（七九年二～一一月）での首相就任

は、ホメイニー支持派と反対派に二分された状況下で、取りあえずは後者の反対派を安堵《あんど》させ、その間は前者が着々と構想実現に向けて準備するという、一種のモラトリアム（猶予期間）となったようである。その間、二者択一的に王制かイスラーム共和制かが国民投票（七九年三月末実施）で問われ、圧倒的多数（有効投票の九八・二パーセント）でイスラーム共和制が承認された。さらに、イスラーム共和党（ＩＲＰ）、シャーの残した正規軍に対抗する革命防衛隊、シャー時代の政治家・官僚・軍人・ＳＡＶＡＫ関係者を裁く革命裁判所、反ホメイニー派活動や一般市民の風紀の取締まりに従事した革命委員会といった実働組織も、ホメイニーを「イマーム代理」とみなす熱烈な弟子や支持者たちによって、矢継ぎ早に結成された。また、イスラーム革命評議会がそれら革命諸組織を統括する組織として創設されていた。

革命評議会のメンバーの大半は、アーヤトッラー・モルタザー・モタッハリー（議長）を筆頭とする有力宗教学者（七人）と非宗教学者（六人）など、ホメイニー支持派によって占められた。首相バーザルガーンもその一員ではあったが、ホメイニー路線を支持するメンバーではなかった。六月にバーザルガーンから発表された憲法草案が革命を「イスラーム革命」としながら、ホメイニーや「イスラーム法学者の統治」に言及しなかったことは、その点を明示していた。その結果、別途選挙で選ばれた憲法制定専門家会議がゼロから憲法作成に着手していく。

この間、ヴェール着用を義務化された女性たちによる抗議デモ、クルドやアラブによる自治要求運動の激化、ホメイニーのライバルとも言えるマルジャのひとり、モハンマド・カーゼム・シャリーアトマダーリー（一九〇四～八六年）支持派（ムスリム人民共和党）の抗議活動の活発化など、シャー体制崩壊後のイランでは、新秩序のあり方をめぐって深刻な混乱が続いた。それに決定的な影響を与えたのは、先の革命諸組織の武力であり、またホメイニーの戦略的な革命家としての指導力であると言える。そして、一一月一日にアルジェで行われたカーター政権（一九七七～八一年）内「タカ派」の国家安全保障担当補佐官Z・ブレジンスキーとバーザルガーンの会談は、事態を思わぬ方向へと駆り立てるに十分な衝撃を与えた。というのも、その三日後に「イマーム（ホメイニー）路線に従う学生グループ」による在テヘラン米国大使館占拠事件（以下、米大占拠事件）が発生するからである。

ここで断っておかねばならないのは、米大占拠事件はまずホメイニーの指示によるものではなく、むしろ発生の第一報を受けた彼が占拠解除の指示さえ出していたことである。しかしその後、彼はその立場を改め、「米国がイランに及ぼした損害に対する国民の当然の反応」として理解を示し、カーター政権にシャーの身柄引渡し、イランの在米凍結資産の返還、政治的・軍事的不介入の保証などの条件を突きつけるようになった。事件発生直前（一〇月）に癌治療を目的にしたシャーが米国入りした前後から、ホメイニーは米国による軍事介入（クーデター）に強い懸念を抱いていた。だが、交渉の余地がなかったわけではない。しかし、「スパイの巣」としての米国大使館の活動の証拠も次々に発見され、彼は、米大占拠事件が国民の支持と団結強化につながるものと判断し、強固な対米対決姿勢の採用へと移行するようになる。

頑迷な指導者とのイメージがホメイニーにはつきまとう。しかし、後述するほかの事例への対応を含め、そこに革命指導者としての彼なりの基準と現実的な柔軟性が併存したことを見逃すべきではない。

ともあれ、米大占拠事件を通じて国内の反米感情が高まるなかで、もはや留任する必要性も失ったバーザルガーン暫定政府は、米大占拠事件発生から二日後に辞任した。行政権が革命評議会の手に移った。

ホメイニーを「最高指導者」に据え、「イスラーム法学者の統治」を盛り込んだ新憲法が一二月早々に国民投票にかけられた。前回三月の国民投票と同様、圧倒的多数の賛成票（九九・五パーセント）で、新憲法は承認されたが、投票総数の点では前回（二〇二五万票）より四四六万票以上、下回ったことに、強圧的な政策へのホメイニー支持派による反発の影響を見ることができる。革命達成から新憲法成立までの一〇カ月間、激しい権力闘争が展開され、「同床異夢」のイラン革命はホメイニー主導の「イスラーム革命」に転じた。その過程で、「大悪魔Sheitan-e bozorg」米国が反対派追い落としの言説として、政治的に効果を発揮した。

「大悪魔」米国とイスラエル

一九〇二年に生まれ落ちる直前、父が地方権力者の銃弾で命を奪われたホメイニーは、宗教学者になることを志した青年時代を、レザー・シャー独裁政権下で過ごした。そこで、つぶさに国家権力と大国の横暴や冷酷さ、根強い反イスラーム政治姿勢を目撃した。その後続くシャー政権も、彼の思いと逆行する反イスラーム政策を展開する独裁政権と化した。「米軍地位協定」への痛烈な批判は先に取り上げたが、さらに彼はまた別の声明で、シャー政権を擁護する米国、そしてイスラエルに集中砲火を浴びせている。

> 世界はイラン国民とムスリム諸民族が直面しているすべての苦難が外国人、とりわけ米国人の責任であると理解せねばならない。……イスラエルとその友人を支持するのが米国である。米国こそがイスラエルにアラブ・ムスリムの追放権限を与えた。イラン国民に議員たちを押し付け、……イスラームとコーランを自らの利益に反すると考え、その排除の

決定を下したのが米国である。米国こそが宗教学者を開発の障害とみなし、苦痛と投獄と屈辱を与え、イランの議会と政府に圧力をかけ、かかる不名誉な政府決定（米軍地位協定）を……承認させた。米国がイスラーム民族に野蛮以上の何ものでもない取引を行った。これらの鎖を引きちぎることがイラン国民の義務である。

ここに見られる見解から、ホメイニーがいかに米国をイスラーム（世界）とイランの敵として位置づけていたかが分かる。それは、先の米大占拠事件直後（一一月五日）用いられる「大悪魔」という呼称につながる認識である。イラン革命によって、「傷を負った蛇」とも言い表された「大悪魔」とは、世界の覇権獲得を目的に、さまざまな陰謀をめぐらし、軍事力・経済力、さらに文化的害悪さえも総動員する大国にほかならない。*

＊一九六〇年代の著名な知識人ジャラール・アーレ・アフマド（一九二三～六九年）の『西洋かぶれ』に認められる議論。それは人間の飽くなき欲望をそそることで精神を内から蝕《むしば》み、腐敗・堕落、非人間化の蔓延《まんえん》をもたらす「疫病」にたとえられる。ホメイニー没後、彼の革命理念を重視する「保守派」がもっとも警戒する問題のひとつである。

しかし興味深いことに、ホメイニーの「大悪魔」はコーランで九八回も言及されているという「悪魔」観とは別物である。というのも、アダムの創造以来、弱き人間を邪悪に誘う使命を神から与えられた存在が、イスラームにおける「悪魔」に関する基本的理解だからである。むしろ宗教的な政治力学の解釈からすれば、ゾロアスター教の善神（アフラマズダ）と悪神（アフリマン）の間で繰り広げられる善悪二元論的な闘争に依拠しているかのようである。

また、ホメイニーは自らの革命理念や構想に反対する組織や個人を、「大悪魔」米国に付き従う「召使い」や「手先」、そして「小悪魔」として非難した。たとえば、世俗化・近代化を実施し、反イスラーム政策を採用したパフラヴィー王朝も、革命後に自治要求運動を展開した少数民族クルド人勢力も、八〇年九月に大規模侵略を仕掛けたイラクのサッダーム・フサイン政権もそうした「小悪魔」と認識された。

もちろん、この言説ないしレッテルが用いられたのは、国民の団結強化と国外での支持者の獲得のために効力を発揮すると期待されたからである。それであれば、米国側による「ならず者国家」、「テロ（支援）国家」、さらに「悪の枢軸」と大差はない。しかし、批判先行の空想に発したものではないことが重要であり、ホメイニーの場合にはその点で確たる歴史認識に支えられていたことだけは間違いない。

さらに、先の声明でも米国とともに非難されたイスラエルについて取り上げる必要もある。そもそも、イスラエル建国を決定づけた一九四七年の国連総会決議一八一号（パレスチナ分割決議）は、ナチス・ドイツのユダヤ人大量虐殺への同情的な国際世論、シオニスト組織の活動と国際的な影響力、それを支援した米国H・S・トルーマン政権（一九四五〜五三年）の政策で初めて成立した。当時のパレスチナ住民の意向を度外視したこの決議により、七〇万人ものパレスチナ人が一九四八年戦争（「第一次中東戦争」）で難民となった。その後も、郷土を破壊・占領され、幾度も戦禍を経験したのがパレスチナ人である。ホメイニーは、そうしたパレスチナ問題の歴史と現状への認識から、米国とともにイスラエルを厳しく糾弾した。

マルジャとなる宗教学者にとって、執筆が必須の『諸問題の解説 *Touzih al-Masa'el*』でも、ホメイニーはイスラエルとの経済関係を「ハラーム」（禁忌）とする判断を下した。そのことは、政治と宗教問題を分けて捉えることのない、彼ならではの特有の実践的発想によっていることを示している。

「イスラーム法学者の統治」体制の構造

ところで、私たちは現在、政治体制の発展の度合いを、主権在民、三権分立、議会制度、複数政党制、選挙機能、自由・平等に基づく人権の保障など、さまざまな「民主主義」の尺度を用いて測ることが当たり前の時代に生きている。革命後のイランの場合、そうした民主化度が恐らく低いとの理解があるかもしれないが、実態は果たしてどうだろうか。

革命後のイランは、「主権在神」に基づく「神権政治 theocracy」という用語を用いて欧米世界で呼ばれることがある。「民主主義」が欠落しているとのイメージがこれにより植えつけられる。しかし、七九年憲法（全一七五条）、さらにホメイニー死後に改定される八九年憲法（全一七七条）に基づく統治構造から、必ずしもそうとは言い切れない。

紙幅の都合で多くを割愛せざるをえないが、議会（一院制。名称は国民議会から八九年にイスラーム議会に変更）の議員（任期四年、定数二七〇人。八九年に二九〇人に増員）、大統領、最高指導者の任免権を持つ「専門家会議」議員（任期八年、定数八三人、二〇一六年より八八人に増員）は、一五～一八歳以上の男女による普通選挙で選出される。一五～一八歳と書いたのは、これまで有権者の年齢条件が幾度も変更されてきたからである。ちなみに、有権者の選挙資格はイラン国籍を持つすべての男女（ただし、重度の精神疾患を患う者は除く）にある。

さらに、大統領は普通選挙で選ばれるが、八九年まで内閣を率いたのは、基本的に大統領の指名候補者を議会が承認する形で選出される首相であった。そして、八九年の憲法改正で首相ポストが廃止され、現在は組閣権限を持つ行政のトップは大統領となった。ともあれ、女性も参加する各種選挙（地方評議会選挙を含む）が機能してきたからこそ、民意の反映した選挙結果に一喜一憂する国民の姿もメディアで報じられ、また国際的にも注目されてきた。加えて、世襲的な権力委譲が制度的に認められていないことも看過されてはならない。

このような側面がある一方、「非民主的」制度も併存する。次ページの略図に示したように、「イスラーム法学者の統治」体制は、有権者による選挙を通じて成立する組織と、最高指導者が選出するメンバーで構成される組織が混在している。最高指導者は有権者が選挙で選んだ「専門家会議」によって選出・任命される。しかし、就任後も最高指導者の職務は審査を受け、不適格と判断されれば、専門家会議が罷免権を行使できる。そのため、最高指導者とはいえ決して無答責ではない。もちろん、宗教学者の独占的組織であるから、おのずとそこに限界もある。

それ以上に「非民主的」と疑問視されるのは、大統領と議会議員のいずれの立候補申請者をも事前審査し、そこで不適格と判断された者は、正式な立候補者になれないことである。ただ、たとえば大統領選を例に挙げると、その候補申請者数は多い時には一〇〇〇人を超え、少ない場合でも四〇人以上を数える。現在の方式に問題があることに間違いないが、候補者数のあま

イランの統治機構略図

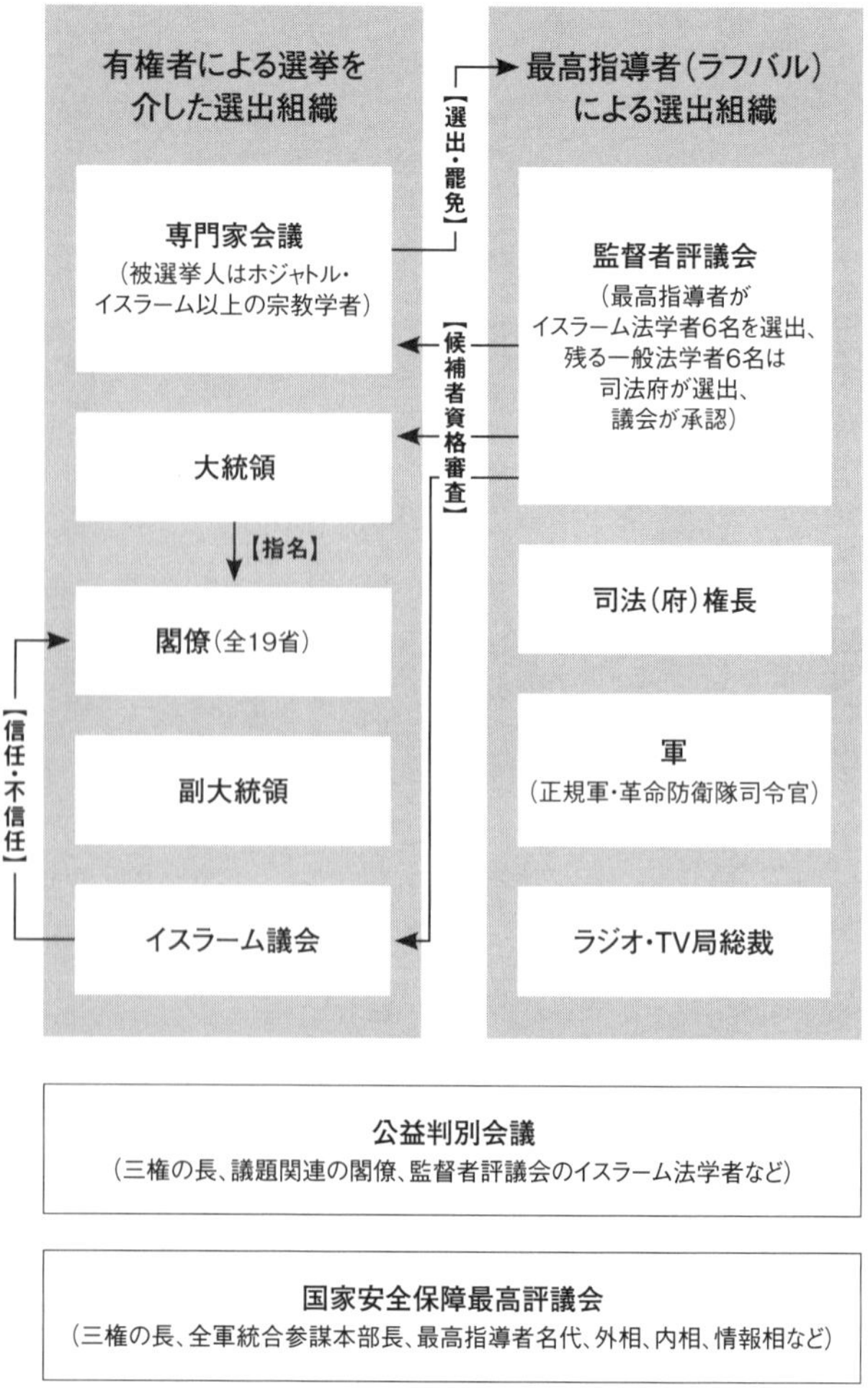
有権者による選挙を介した選出組織
専門家会議
（被選挙人はホジャトル・イスラーム以上の宗教学者）
大統領
【指名】
閣僚（全19省）
副大統領
イスラーム議会
【信任・不信任】
【選出・罷免】
最高指導者（ラフバル）による選出組織
監督者評議会
（最高指導者がイスラーム法学者6名を選出、残る一般法学者6名は司法府が選出、議会が承認）
【候補者資格審査】
司法（府）権長
軍
（正規軍・革命防衛隊司令官）
ラジオ・TV局総裁
公益判別会議
（三権の長、議題関連の閣僚、監督者評議会のイスラーム法学者など）
国家安全保障最高評議会
（三権の長、全軍統合参謀本部長、最高指導者名代、外相、内相、情報相など）

りの多さを考えれば、何がしかのスクリーニングも必要となろう。そうした権限を独占する組織が「監督者評議会」である。イスラーム法学者六人、一般法学者六人の計一二人からなるこの組織には、議会が可決した法案がイスラーム法に抵触するか否かを審査する権限もある。これにより議会との対立がおのずと深まり、八八年にホメイニーは急遽《きゅうきょ》、調整機関として「公益判別会議」を新設した。

後述する「党派対立」では、監督者評議会に加え、専門家会議、さらに専門家会議による任免・審査の対象となる最高指導者は、ホメイニーの後を受けたハーメネイー時代に「保守派」権力のトライアングルとして機能するようになった。司法府、情報省、そして経済セクターにも影響力を行使し始めた革命防衛隊にも同様の政治姿勢が顕著であり、「保守派」権力は強化された。民意が現状変革の期待を大統領や議会に託しても、「保守派」権力の反対で実現しないということになる。

それぞれの国に固有の「民主的」と呼ばれる形や制度がある。日本では、首相公選制を採用せず、派閥の論理が見え隠れする与党総裁が首相となる。米国では、原則的に民主党と共和党のいずれかの候補が選挙人の獲得数に応じて選出される仕組みである。

国民に「主権代理行使権」(憲法第五六条)を認めたイランの政治制度は特異である。反体制知識人が「宗教独裁」と批判し、「全体主義」や「権威主義」という統治の性格も確かにそこにある。「政教一致」を目指したハイブリッド的なイラン型「イスラーム民主主義」に課題は数多い。今以上に民意を反映させる努力が今後も問われ続けるに違いない。その場合、ただちに欧米型民主主義制度の導入を図るのではなく、一九〇七年憲法補則第二条にある「イスラーム法学者たちの監督 vesayat-e foqaha」論がまずはひとつの現実的な選択肢となるのかもしれない。

第三章　米国の政策とイラン
――深まる不信感と敵意

迷走するカーター政権

四四四日間に及んだ米大占拠事件は、国際法に明確に違反した「テロ」として、その後も続く米・イ対立の出発点とみなすことはできる。だが同時に、カーター以降の米国の対イラン政策がそれを修復できず、両国の敵対関係をさらに泥沼化させたことにも注目しなければならない。

カーターは自らの『回顧録』のなかで、ホメイニーを「常軌を逸した」指導者、米国大使館を占拠した学生たちを「狂信者」と呼んで、先制攻撃をすれば「人質はほぼ確実に殺害される」との危惧を抱いていたことを記している。しかし、イラン側は事件発生から二週間後、女性と黒人一三人を「被抑圧者」として、さらにもうひとりも病気の悪化から解放した。ただの「狂信者」であれば、こうした措置を講じるわけもない。イラン側には米大占拠と館員の人質化を行う理由なり理屈なりがあった。

そもそも、米大占拠事件の背景には、イラン側が要求したシャーの身柄引渡しがある。それはさらに、彼の罪を裁くだけでなく、一九五三年に米国が関与したモサッデグ政府打倒の陰謀の再現を未然に阻止する目的もあった。その点はシャーの身柄引渡しに加え、米国の犯罪行為への謝罪要求にも見られる。しかし、カーター政権は事件発生後、それら要求をすべて拒否し、残る館員五二人の即時解放を求めた。さらに、医薬品・食糧を除くすべての物品の輸出禁止措置、在米イラン資産（一二〇億ドル以上）の凍結で対抗した。そのうえで、四月初めに対イラン外交関係を断絶した。これらは、両国関係の悪化と問題の長期化を助長したに過ぎなかった。そして、同月下旬に強行され、輸送機とヘリコプターの接触事故で八人の死者を出す無残な失敗に終わった人質救出の軍事作戦もイラン側の態度をいっそう硬化させた。

七九年末に米国を離れたシャーが滞在先のカイロで翌年七月に死去した。二カ月後には、隣国イラクがイラン領へ大規模侵攻し、八年に及ぶイラン・イラク戦争（以下、イ・イ戦争。一九八〇～八八年）が勃発した。そして、一一月の米国大統領選挙でカーターが敗北したことは、人質解放がいつ実施されてもおかしくない条件を作り出した。勝利した共和党R・レーガンの大統領就任式が開催された八一年一月二〇日に合わせて、イラン政府は人質全員を解放し、米大占拠事件はようやく終わりを告げた。

シャー体制が「八〇年代に入っても安泰」とのCIA報告を鵜呑《うの》みにしたカーター政権は激化する反シャー運動を横目に、エジプト・イスラエル平和条約締結に向けたキャンプ・デーヴィッド合意に忙殺された。その結果、イラン危機とその後の米大占拠事件という苦い経験も回避できなかった。イランを訪問した七七年大晦日《おおみそか》の晩餐会《ばんさんかい》の席上、カーターがイランを「安定を誇る島」と評したことはすでに述べたが、その後に彼は著名なイランの詩人サアディー（一二一〇？～九二？年）の次のような詩の一節を紹介した。

人はそれぞれに肉体の一部にもたとえられるもの。……ひとりが傷つき苦悩に満ちる時、
他の者はどうして平穏でいられようか。他者の災いに目を閉じ、涙しない者は人ではない。

自らが掲げる人権の重要性に寄せて、王妃ファラから聞き知ったというこの詩の内容を、カーターがどれほど真摯に受け止めていたかは分からない。だが、シャー独裁に苦しみ、革命に

参加した人びと、反米行動に打って出た人びとへの理解はそこにはなかったに相違ない。

レーガン政権の「二枚舌・二重基準」政策

人質の解放の前日（一月一九日）、カーター政権はイラン内政への政治的・軍事的な不介入、在米イラン資産の凍結解除、両国政府・市民間での訴訟取り下げなどを誓った「アルジェ合意」に調印した。だが、続くレーガン政権（一九八一〜八九年）はそれを一顧だにせず、次々と反イラン政策を実行に移した。それは特に、八年に及ぶ同政権期とほぼ重なるイ・イ戦争での政策に見ることができる。

イラクによる対イラン侵略が、人質解放を目指すカーター政権からの支持と、シャー政権最後の首相バフティヤールや元SAVAK・イラン軍幹部の協力によって画策されたとの指摘もあるが、その真偽のほどは分からない。ともかく、レーガン政権はありとあらゆる反イラン政策を採用した。その最たる例が、敵国イラクのサッダーム・フサイン（一九三七〜二〇〇六年）政権への協力と支援である。

一九六八年に成立したイラク・バアス党政権は、ソ連の支援を仰ぎ、域内での影響力拡大を目指した。それゆえ、七〇年代前半に「ペルシア湾の憲兵」としてのシャー政権と一触即発の関係にもあった。だが、イ・イ両国間の取りあえずの和解を記したアルジェ合意から四年後の七九年一二月、ソ連がアフガニスタンに侵攻し、翌年のモスクワ・オリンピックがボイコットされるという「新冷戦」のさなか、レーガン政権は奇妙にも対イラク支援を積極的に実施した。

実際、レーガン政権はこの戦争に「厳正中立」を表明しながら、八二年二月にテロ支援国リストからイラクを除外し、翌年一二月には大統領特使D・ラムズフェルド(後のジョージ・W・ブッシュ政権国防長官)をバグダードに派遣した。イラク外相ターリク・アズィーズ(一九三六~二〇一五年)との会談で、彼は「イラクのいかなる劣勢も西側には戦略的敗北」に等しいと述べたという。その発言のとおり、前政権が残したイランという禍根を打ち消すがため、レーガン政権はイラク寄りの姿勢を示す政策を採用した。

八四年一一月に対イラク外交関係を復活しただけでなく、レーガン政権は親イラク政策を次々と展開した。テロ支援国リストからの除外による貿易上の制裁解除、輸送機や小型ジェット機の売却、さらに二・一億ドル以上もの対イラク食糧支援も実施した。また、衛星を使って入手したイランの軍事情報をサウジ経由でイラクに提供した。加えて、イランの人海戦術で戦況不利に追い込まれたイラクが、ジュネーブ議定書(一九二八年発効)で禁止されるマスタードガスや神経ガスを、八三年末からイラン軍に対して使用し、その事実が国連調査団報告でも確認されたにもかかわらず、レーガン政権はイラク非難を行うこともなかった。八八年三月にサッダーム政権がサリンなどを使用し、自国領ハラブジャに居住するクルド系住民五〇〇〇人を殺害するという惨劇が発生するが、それは化学兵器であれ使用国次第で対応を変えるという、尋常ではない米国レーガン政権の姿勢と無関係ではないと言うこともできる。

他方、イランに対してはどうであろうか。まず、八四年一月にテロ支援国リストにイランを加え、経済制裁を強化した。そのうえで、第三国からの武器流入を阻止し、イランの国際的孤立強化を図った。その結果、イランは世界市場からより高額な兵器を購入せざるをえなくなった。加えて、八四年からサッダーム政権がイラン市民を殺傷するミサイル都市攻撃やイラン産石油を輸送するタンカー攻撃を実施するなかで、レーガン政権はそれらイラクの軍事行動も問題視せず、逆にイランの対抗措置のみを拾い出し非難した。米国の政策上の不条理はこれらに止まらない。その顕著な例が「イランゲート」(あるいは、「イラン・コントラ」)スキャンダルとして知られた対イラン秘密武器取引である。

八三年、レバノンの首都ベイルートでは米国大使館と米海兵隊兵舎が親イラン・シーア派武装組織「ヒズブッラー」(神の党)」により相次いで爆破される事件があり、さらに米国人人質事件も発生していた。それらは、レバノンでのマロン派キリスト教組織とイスラーム・シーア派組織間の対立を煽《あお》るイスラエルの工作と米国の協力への報復措置であった。レーガン政権は米国人の人質解放を目指し、八五年八月にイランにミサイルを含む武器・スペアパーツの供給を開始した。仲介役を担ったのは、イ・イ両国いずれの決定的勝利も望まないイスラエルである。イランもこれに応じざるをえないほどに深刻な武器不足に陥っていた。レーガン政権はこの取引で、イランが米国人人質（当時ふたり）の解放に向けた影響力をヒズブッラーに行使することを期待した。だが、八六年にイラン側はこの取引を突然暴露する。それにはイラン国内の権力闘争が影響している。これによって、国際的な面目を失ったレーガン政権は、再び露骨な反イラン政策を開始していく。

八七年三月、米国海軍はペルシア湾でのクウェート船籍のタンカー護衛に着手した。その任務に止まらず、イラン船舶の拿捕《だほ》、石油プラットフォーム攻撃も実施された。さらに八八年七月三日には、ペルシア湾上空でイラン民間航空機が米艦船ヴィンセンスによって撃墜される事件も発生した。乗員・乗客約二九〇人が死亡した惨劇について、当初米国はF14ジェット戦闘機の接近や民間航空機らしからぬ挑発飛行があったことを理由に挙げ、責任回避に躍起となった。しかし、どの主張も証拠から否定され、誤射を最終的に認めざるをえなくなった。この事件から二週間後の七月一八日、イランは「人命・正義と域内及び国際的な平和と安全」の重要性に鑑み、国連安保理停戦決議五九八号を正式受諾する。*

*イ・イ戦争関連の安保理停戦決議はそれまでに都合六本を数えたが、どれもイランが強く要求した「侵略者の認定・処罰」が盛り込まれずにきた。八七年七月採択の五九八号は「中立機関への紛争責任の調査の付託」を初めて盛り込んだ。それに対しても、侵略国がイラクであることが自明であるとの理由から、イランが当初留保した経緯がある。

最高指導者ホメイニーは「この決定を下すことは毒を飲むよりも致命的なものであった。私は神の意志に自らを委ね、神を満足させるため、これを飲むこととした」旨表明したが、そこにはイランの国際的な四面楚歌《しめんそか》、国民の間での厭戦《えんせん》気運の高まり、指導部内の足並みの乱れ、それらに追い打ちをかける米国の直接介入やイラクの化学兵器使用が背景にあったことは言うまでもない。

「イスラーム革命」の脅威に怯《おび》えるイラクによって「押しつけられた戦争」は、イランの革命的エネルギーを摩耗させた。そして、「二枚舌・二重基準」を特徴とするレーガン政権の政策がイラク・サッダーム政権という新たな「脅威」を生み出したことは理解しておかねばならない。

戦後処理と「善意期待外交」

こうした経緯から、レーガン政権の後を受けたジョージ・H・W・ブッシュ政権（一九八九〜九三年）は、イ・イ戦争を通じて軍事大国化したサッダーム政権に対する政策に追われた。対イラン政策から離れてしまうが、イラクに対する米国の政策を簡単に説明しておく。戦後イラクは多額の対外債務を抱え、その返済と経済再建のためには、何にもまして十分な石油収入の確保を必要とした。しかし、隣国クウェートはＯＰＥＣ（石油輸出国機構）の生産割当以上に増産し、石油価格を下落させていた。また、両国間で油田（層）を共有していたことから、サッダーム政権は、イラクの石油を「盗掘」しているとクウェートを非難した。そして、そもそもクウェートは旧オスマン帝国の行政区分上、バスラ州の一部であり、したがって自国領の一部であるとイラク政府は認識していた。

このような背景のもとで、サッダーム政権は九〇年八月二日にクウェートに侵攻したが、それは米国の対応とも無関係ではない。というのも、国際法上認められない主権国家への侵略は、イラクによる対イラン侵略で経験されていたものの、米国レーガン政権はそのイラクに協力・支援さえしたからである。そして、同様のスタンスはクウェート侵略前のブッシュ政権にも見られる。近東・南アジア担当国務次官補（John H. Kerry）も、イラク米国大使（April C. Glaspie）も、イラク・クウェート間で表面化した対立を静観する発言を繰り返していた。イ・イ戦争で問題視されなかった前例からすれば、サッダーム政権が今回も米国の暗黙の了解を得られたものと理解してもおかしくはなかった。

しかし、イラクのクウェート侵攻・併合に対して、翌年一月、米国主導の有志連合による「湾岸戦争」が開始され、イラク軍はクウェート領から駆逐された。ちょうど、ソ連が解体過程にあったことから、この戦争の強行は決して難しくなかった。しかし、NATO（北大西洋条約機構）加盟国のトルコに波及するクルド問題の影響の大きさやイランに利するシーア派勢力の台頭への懸念から、サッダーム政権は解体されなかった。ともあれ、イラクの脅威はこれにより封じ込められた。

さて、イランに話を戻せば、レバノンにおける人質問題がブッシュ政権にとっては当面の問題であった。* レーガン政権が直接関与した先のイランゲートで解放された人質はわずかひとりであり、ブッシュ政権成立当初、いまだ四人の米国人人質が存在した。彼らの解放にはイランの協力が不可欠として、水面下の交渉が開始された。

＊八〇～九〇年代前半にレバノンで人質となったのは、米国人以外にソ連を含むヨーロッパ諸国出身

の政府関係者、ジャーナリスト、教育者、宗教関係者などであった。不明な点も多いが、犯行はヒズブッラーや同盟武装組織「イスラーム・ジハード運動」によって行われ、少なくとも九人は解放されることなく殺害されている。

米・イ間交渉はしかし、難航した。というのも、ホメイニー死後、イランは西欧諸国との関係改善を視野に据えた対外方針を採用し始めていたものの、人質解放への協力には、在米凍結資産の返還に加え、イスラエルとその同盟勢力マロン派極右勢力「カターイブ」（ファランジスト）が人質とするシーア派ムスリム活動家の解放が必要であると、交換条件を突きつけたからである。米国人人質事件に先立って、イラン人外交官三人がカターイブにより拉致・殺害され、またレバノンを侵略したイスラエル軍はサブラーとシャティーラの難民キャンプでパレスチナ人七〇〇〇人以上の虐殺事件でカターイブに協力していた。その後も、イスラエル関与のシーア派活動家の拉致・殺害事件が頻発するなかで、特に八九年にはヒズブッラーの精神的指導者シェイフ・オベイド（一九五七年〜）がイスラエルにより拉致されたばかりであった。

先の湾岸戦争後、水面下の交渉が続くなかで、当時のイラン政府は国連事務総長デ・クエヤル（在任一九八二〜九一年）宛てに凍結資産の一〇パーセントの返還とイラン民間航空機撃墜事件の遺族に対する損害賠償支払いを人質解放の条件とするメッセージを送った。ブッシュ政権が「善意期待外交」を謳っていたため、それに期待したからであった。そしてブッシュ政権の積極的対応を待たず、イランの働きかけのおかげで、九〇年にふたり、翌年末にさらにふたりの人質が解放された。しかし、ブッシュ政権はイランの期待に応えることは一切なかった。

八九年一月から九三年一月までの一期のみのブッシュ政権期には、ソ連崩壊による冷戦の終焉《しゅうえん》という世界的な構造変動があり、またイランでは八九年六月三日に最高指導者ホメイニーが死去し、米・イ関係に新たな時代の到来を予感させた。しかし、前レーガン政権の残した「負の遺産」は大きく、その清算に終始したブッシュ政権は「革命と戦争の一〇年」を終えたイランとの新たな関係構築に進んで取り組むことはなく、むしろイランの不信感を増幅させたに過ぎなかった。

クリントン政権の「二重封じ込め」政策

カーター以来、一二年ぶりに民主党政権として成立したW・J・クリントン政権（一九九三～二〇〇一年）になっても、反イラン姿勢に変化はなく、むしろ強化されたと言ってよい。それは、米大占拠事件で辛酸をなめたカーター政権の国務副長官W・クリストファーが国務長官に任命されるという布陣にも見て取れる。それだけでなく、ポーランド出身のユダヤ人で、オーストラリアで教育を受けた後、一九八二年に米国に移住したばかりの、イスラエル政府および在米シオニスト・ロビーとのつながりが深いM・インダイクが国家安全保障会議中東担当に抜擢《ばってき》されたからでもある。対イラン政策を主導する彼のもとで、イランを「外的脅威」と位置づけるキャンペーンが展開され、政権成立から四カ月後には、イラン・イラクを対象にした「二重封じ込め政策」も発表された。イランは「国際的な無法国家」、「ならず者国家」と批判された。反イラン政策はさらに上院での動きで加速された。

たとえば、九五年一月には、米国上院で直接的な貿易禁止に加え、米国系企業の子会社が行う第三国向け取引（年間三五億ドル以上）を禁止する法案が可決された。クリントン政権は上院で成立したそうしたイラン敵視の法律以上に強硬な姿勢を示すべく、九五年三月の大統領令一二九五七号で米系石油メジャー・コノコ傘下の欧州企業とイラン間の取引を停止に追い込み、さらに二カ月後には対イラン貿易の全面禁止措置さえ発表した。

加えて、九五年一二月にＣＩＡの対イラン秘密工作資金として二〇〇〇万ドルを拠出する法案が議会で承認され、翌年七月に上院での修正可決を経て下院で可決された「イラン・リビア制裁法」（通称ダマト法）もある。八月にクリントンも署名したこのダマト法はしかし、トタル（パリに本社を置く総合石油化学企業、石油メジャー）をはじめ、多くの企業が拒否反応を示したことで、徐々にその効果を期待できなくなった。とはいえ、総じてクリントン政権は議会と競ってイランを経済的に締めつける措置を矢継ぎ早に採用した。九三年八月発効のオスロ合意（パレスチナの暫定自治合意）への反対、核兵器を含むＷＭＤ（大量破壊兵器）の開発、「テロ組織」への支援という三点が、こうしたクリントン政権の反イラン政策採用の理由として指摘されている。

確かにイラン政府は当初からオスロ合意への反対を表明した。その理由は、和平プロセスにパレスチナ住民の参加や合意がないことにある。そして注意すべきは、イランの反対でオスロ合意の実施が阻まれたわけではないことである。合意に署名したイスラエル首相イツハク・ラビン（一九二二～九五年）は和平反対派ユダヤ人青年によって暗殺され、その後イスラエル労働党の和平路線に強く反対し、オスロ合意に基づく暫定自治を阻止したのは、ベンヤミン・ネタニヤフ（一九四九年～）率いるリクード主導のイスラエル政府である。

また、イランのＷＭＤ開発については当時、確たる証拠はまったく提示されていない。さらに、テロ支援問題についても、九六年六月のサウジ・ホバルタワー爆破事件や翌月の大西洋上でのＴＷＡ機墜落事件がイランとの関わりで取り沙汰されたが、前者はＦＢＩによってイラン政府の関与が報告されはしたものの、アルカーイダの犯行説も指摘されている。後者は結局、電気配線のショートからの引火が航空機墜落の原因であると判断された。

さらに、「テロ支援」との関わりで、確かにイランはハマース（イスラーム抵抗運動）やヒズブッラーを支援してきた。特に、ヒズブッラーは八〇年代初頭の設立当初から経済的支援に止まらず、人的、戦略的支援をイランから受け入れてきた。しかし、そこには過激な軍事行動も辞さないイスラエルとその同盟勢力カターイブへの攻撃である限り、「テロ」というより、「抵抗」運動の一環と捉える主張がある。イラン側は憲法第一五四条で「イラン・イスラーム共和国は……独立・自由・正当な統治を世界中の人びとの権利とみなす。他国の内政への攻撃的な干渉を慎重に抑制しつつ、イランは世界各地で虐げられ貧しき者たちの正当な闘争を支援する」との規定があり、それに従った正当な行動であるとみなしている。

建国後、イスラエルがいかに国際法上認められない違法行為に訴えても、安保理で拒否権を発動する米国に長年守られてきた。不法な占領継続やレバノン・シリアへの侵略、「正当防衛」では済まされないパレスチナへの過度な軍事攻撃といったイスラエルの違法行為が正されない限り、イランは自らの主張と行動を変えることはない。「テロ支援」国家という非難が説得力に欠けるとイランがみなす背景には、こうした歪んだパレスチナ問題の実相が深く関わっている。

突然の「融和」政策へ

一九九六年一一月の選挙で再選され、翌年一月から二期目を迎えるクリントン政権は、対イラン政策の軌道を修正していく。その政策方針見直しの背景には、九七年五月の大統領選挙で地滑り的な勝利を収め、積極的な「対米融和」に取り組み始めたモハンマド・ハータミー政府（一九九七〜二〇〇五年）の成立がある。加えて、第一期の過度の対イラン経済制裁が米国の石油・農業関連業界から反発を受け、さらに新国務長官M・オルブライトが明らかにしたところでは、「戦略的位置、文化的影響力、その国土の大きさから、世界でもっとも燃えやすい地域……で、中軸となる国家」とのイランの重要性への再確認も挙げられる。

当初、ハータミー政府はサウジやスイスを介して間接的な対米接触を試みていたが、その後九八年一月にCNNのインタビューに応じ、米国民向けに「文明間対話」の重要性を訴えた。そこでの発言が米・イ関係の改善への引き金となったに相違ない。その年三月二一日（イラン暦元旦）に、クリントンから「我々には政策上の幾つかの現実的な相違はあるが、これらは克服できないものではない」旨のメッセージが発出された。また、五月には当時対イラン取引で問題となっていたガスプロム（ロシア第一の天然ガス企業）、前述のトタル、そしてペトロナス（石油・ガス供給を行うマレーシア国営企業）に制裁を科さない方針も表明された。併せて、副大統領Ａ・ゴアをリヤドに派遣し、対イラン直接交渉の方針を伝えている。

紆《う》余《よ》曲《きょく》折《せつ》を経ながら、その後クリントンは地政学的な重要性を有するイランが長年多くの西欧諸国からさまざまな権利を蹂躙されてきた歴史への同情の念を表明した。そして、九九年五月には主要なドラッグ生産国リストからイランを除外し、食糧・医薬品の輸出を認可した。クリントン・ハータミー両政府間で関係改善が徐々に顕在化し始めた。しかし、それに対するイラン国内の反応は次章で述べるように一様ではなかった。また米国でも、かかる動きに対して共和党を中心とする議会やシオニスト・ロビーが反イラン・キャンペーンを活発化した。

実際、二〇〇〇年三月にはミサイルや非通常兵器開発に必要な資材の対イラン輸出に関わる企業に制裁を科す「イラン不拡散法」が議会で承認された。しかし、国務長官オルブライトはモサッデグ政府打倒クーデターへの関与とシャー独裁の擁護という内政干渉に加え、イ・イ戦争でのイラク支持が「近視眼的」政策であったことを遺憾とする異例の発言を行うなど、イランに歩み寄るクリントン政権の動きは続けられる。

八九年のホメイニー死去から一〇年間の米国の政策は、イスラエルとＡＩＰＡＣ（アメリカ・イスラエル公共問題委員会）を筆頭とするシオニスト・ロビーの影響も加わり、反イラン姿勢が濃厚であった。二期目を迎えたクリントン政権は、ようやく関係改善に向け動き出した。しかし、それが継続するかどうかは、二〇〇〇年一一月の大統領選を経て成立する米国新政権の政策とイラン国内政治の動向にかかっていた。

第四章　イランの「党派対立」と米国
――九・一一から「悪の枢軸」発言へ

ポスト・ホメイニー体制の成立

革命後、一〇年にわたって最高指導者の地位にあったホメイニーが一九八九年六月に死去した。彼については、「原理主義者」というレッテル（第一章冒頭を参照）のためか、頑迷で狂信的な宗教学者というイメージが先行しがちである。眼光鋭く他者を寄せつけない冷徹さに溢《あふ》れた容貌からも、そう見られるのかもしれない。

しかし、統治に関わる彼の指導ぶりは状況に応じて柔軟であり、弟子・支持者間での時に激化する意見対立では、その内容を精査し、最終判断を下した。その点で、独裁者というより、バランス感覚にも秀でたカリスマ的指導者であった。

ところで、「イスラーム法学者の統治」は七九年憲法（第一〇七条と一〇九条）に明記されるように、マルジャが最高指導者として政権を担う特異な政治体制である。しかし革命後、ホメイニー以外の五人のマルジャの大半は彼の説く政治体制に批判的であり、それゆえ、弟子ホセインアリー・モンタゼリー（一九二二〜二〇〇九年）が八四年にマルジャ資格を得た翌年になって、専門家会議は彼を最高指導者後継者に選出した。だが、ホメイニーの死の直前（三月末）、モンタゼリーは事実上、その地位を追われた。イスラームへの冒瀆《ぼうとく》の書とみなされた『悪魔の詩』の著者サルマーン・ラシュディーへの死刑判決だけでなく、革命後の政治体制さえも強く非難したモンタゼリーの発言を、ホメイニーはとうてい容認できなかったからである。

その結果、新たな後継者選出が急遽必要となった。そこで、ホメイニー死後に専門家会議が選出したのが、イランの宗教都市マシュハド出身で、一九五六年頃にホメイニーに師事した後、六〇年代から反体制運動に身を投じ始めたアリー・ハーメネイー（一九三九年〜）である。

八一年から大統領職にあった彼は、テヘラン大学キャンパスで毎週開催される金曜礼拝の臨時導師も務めたが、コーランやハディースに依拠しながら、その説教内容を組み立てるという学究肌の宗教学者であった。他方、ケルマーン州の裕福な農園所有者の家庭に生まれ、国会議長を務めながら、同じく臨時導師の役割を担ったハーシェミー・ラフサンジャーニー（一九三四～二〇一七年）が取り上げるトピックは現代の国際政治や社会経済問題が多く、ハーメネイーと好対照をなした。

それはともかく、ハーメネイーは先のラシュディーが悔い改めれば、死刑判決を免れる旨発言するなど、ホメイニーから叱責されたこともあった。だが、ホメイニーは体制存続のため、生前に彼を後継者に指名したという。その遺志を受けた専門家会議は彼の宗教ランクを当時のホジャトル・イスラームからアーヤトッラーに格上げし、さらに憲法のマルジャ資格をムフティー（宗教令の発出が可能な権威ある法学者）に変更することで、宗教的権威不足を補塡する工夫も行った。これにより、七月開催の憲法改正に関わる国民投票と大統領選挙を経て、ハーメネイーを最高指導者に、ラフサンジャーニーを大統領に据えたポスト・ホメイニー体制がスタートを切った。

党派対立の始まり

ホメイニーの弟子たちは革命後、ＩＲＰに結集したが、政治体制を否定するがごときモンタゼリーの例が示すように、決して一枚岩ではなかった。対イラク戦争の継戦か停戦か、戦後復興に欧米諸国の協力を求めるか否かをめぐり、彼らの間で論争も発生した。前者の問題を原因にＩＲＰも活動を停止した。カリスマ指導者ホメイニーの死去後、弟子を含む支持者内部で党派対立が発生しても何ら不思議ではなかった。

イ・イ戦争末期、影響力を有したのは、ミール・ホセイン・ムーサヴィー首相（在任一九八一〜八九年）が率いた「急進派」*である。彼らは対イラク戦の継続を訴えたが、ハーメネイーとラフサンジャーニーは停戦派であった。そのため、ポスト・ホメイニー体制を担う彼らふたりの間では、「急進派」排除が共通目標であり、その間は協力しあった。だが、戦後経済復興に取り組むラフサンジャーニー政府が周辺アラブ諸国に加え、欧米諸国との貿易・金融・投資活動の拡大・自由化を視野に政策を展開し始めると、両者の協力関係に亀裂が見え始めた。

＊ムーサヴィーのほか、モフタシャミープール内相やホエニーハー検事総長を主要メンバーとする「急進派」は、政府権限の強化を訴えた「左派」とも位置づけられる。特に、ウラマー（宗教学者）であった後二者はモジタヘド（イスラーム法解釈の権能を持つ宗教学者）の資格を問われ、政治的影響力をそがれたが、ムーサヴィーは二〇〇九年大統領選挙に立候補し、選挙結果の改竄《かいざん》に抗議する「緑の運動」の指導者として再度政治舞台に登場する。

ハーメネイーの背後には、「ゴム神学校教師協会（理事会）」、監督者評議会、専門家会議などの「保守派」として知られるウラマー中心の組織が存在する。基本的に被抑圧者の救済、民間活力の導入を重視しながら、協力的な諸外国からの借款・科学技術の導入に賛同する。だが、欧米文化の流入が社会生活規範の乱れや腐敗につながることを強く警戒し、また欧米支配に抵抗するイスラーム運動との連携強化も必要と考えるのが基本的に「保守派」の立場である。

他方、ラフサンジャーニーが率いたのは、現実への柔軟な対応を特徴とする党派（「現実派」）である。彼が向き合わねばならない現実的課題は、戦死者二〇万人以上、経済被害一兆ドル以上を残した戦争からの復興にあり、そのために外貨収入の七〇パーセントを占めた石油収入の拡大、それによる多角的な産業の育成、大規模な公共事業の実施が必要であるとした復興計画が立案された。その達成には、敵国イラクをかつて支援したアラブ諸国に加え、欧米諸国との関係改善も視野に入れ、その考えはテクノクラートや欧米で教育を受けた知識人、青年層によって支持された。一九九六年当時テヘラン市長であったゴラームホセイン・キャルバースチー（一九五四年〜）を中心に、現職閣僚が多数参加した「建設の奉仕者」という組織も結成された。「現実派」がかかる方針のもとで政策展開する限り、「保守派」の反発を買わないわけはなかった。

ハーメネイーが革命防衛隊や「被抑圧者財団」などに代表される各種財団を含む「保守派」

の後援を受け、最高指導者としての権威を徐々に強化するにつれ、党派対立は激化した。特に九三年に始まるラフサンジャーニー政府第二期には、「保守派」は閣僚人事に直接介入した。また、クリントン政権の制裁発動がイランの戦後復興を鈍化させた結果、復興方針自体も「保守派」の政府批判の材料となっていく。

激化する党派対立

一九九七年に開催された大統領選挙で、モハンマド・ハータミー（一九四三年〜）が「保守派」の代表格の候補者ナーテグ・ヌーリー（当時、国会議長）を四四ポイントもの大差で破り、新大統領に選出されたことは、勢い党派対立を激化させた。保守的な「テヘラン闘う宗教学者協会」から分かれた「急進派」中心の「テヘラン闘う宗教学者集会」（一九八八年結成）にも参加したハータミーは、表現の自由を尊重する立場から、八二年よりイスラーム文化指導相を務め、検閲制度の緩和に取り組み、国際的評価の高いイランの映画を含む芸術の育成に貢献したリベラルな宗教学者、思想家として知られた。

そうした彼は、九二年に「保守派」の反対で、その任を追われていた。そして、彼を支持したのがラフサンジャーニー率いる「現実派」に加え、いっそうの自由で開かれた社会の実現を求める都市青年層を支持基盤とした「改革派」である。「市民社会、法の支配、諸個人の自由、女性の権利、政治的多元主義、文明間の対話」を通じて「より良い明日」の実現を公約に据えたハータミーの大統領選出は、イランの民主主義がしっかりと機能していることを内外に示した実例と言ってもよい。

ともあれ、こうした国民の期待を一身に背負ったハータミーは、米・イ間の「分厚い不信感の壁」の打破に向けて積極的に動いた。先に言及したCNNのインタビューでは、「共和主義、民主主義、自由」に重きを置く敬虔なピューリタンが打ち立てた「アメリカ文明」への尊敬の念を表明した。そして、「宗教性、自由と正義」を柱に据え、独立を希求した革命を経たイランが、西欧・非西欧を問わず、ほかの文明の成果と経験から学ぶ意図があるとして、米国もそれらの礎に見合った政策展開を行うようにアピールした。

また、彼はテロとの関わりで、「無実の者の殺害が全人類の殺害に等しい」というコーランの一節（第五章三五節）を引用し、祖国解放を目指す運動はテロとして非難されるべきではなく、パレスチナ和平プランへの反対もユダヤ教徒、キリスト教徒、ムスリムを含むパレスチナ人が合意し、彼らの権利が守られる限り、反対しない旨表明した。このように、対話路線を打ち出すハータミーに応え、クリントン政権が政策方針を修正したことは、前章で述べたとおりである。

しかし、「保守派」は、「米国との共存」を模索するハータミー政府支持者の「イスラーム・イラン参加戦線」といった「改革派」への弾圧に踏み切り、「保守派」に批判的な論調を掲げる「改革派」系新聞の発禁処分、編集者の逮捕を実施した。そして、九九年七月の「改革派」の代表的な日刊紙『サラーム』が発行停止処分を受けたことはテヘラン大学の学生たちの反発を招き、大規模な抗議運動の発生を促した。彼らの寄宿舎に「保守派」傘下の「アンサーレ・ヘズボッラー（神の支援者）」が乱入・襲撃し、火に油を注ぐ大事件となった。

その結果、「改革派」支持の抗議運動は瞬く間にイラン各地の大学だけでなく、市街地にも広がり、革命後最大規模の抗議デモが六日間にわたって続いた。当時、一五～二四歳人口は総人口の一九パーセントを占め、二四歳以下まで広げれば、総人口の約六〇パーセントに達していた。この抗議運動を放置すれば、より深刻な政治社会危機につながると懸念を深めた「保守派」は、数十万規模の官製デモを組織する一方、学生たちの要求を受け入れ、抗議デモを弾圧する側に回った警察幹部の解雇・処罰や襲撃事件の真相究明を約束した。これにより、事態は一応収束に向かった。

二〇〇〇年二月に実施された第六期議会選挙（定数二九〇人に変更）では、六八六〇人の立候補登録者のうち、多くの「改革派」候補者を含む七六〇人以上が監督者評議会の事前資格審査で失格とされたが、それでも「改革派」は一九五議席を確保した。「改革派」優位の議会が可決する法案は、監督者評議会による差戻しに直面したが、翌〇一年開催の大統領選挙では再選を目指すハータミーへの支持票は前回より一五七万票以上も伸び、得票率は七六・九パーセント（得票総数は約二一六六万票）に達した。対米関係の改善を目指す「改革派」主導のイラン政治の継続が確実視された矢先、九・一一（米国同時多発テロ）が発生する。

九・一一の余波のなかで

二〇〇一年、世界に衝撃を与えたこの事件発生から数時間後、ハータミーは国民と政府の名で弔意を伝え、「多数の無防備な人びとを死に追いやったハイジャックと米国諸都市の中枢に対する攻撃」を厳しく非難し、「国際社会がその根源を見極め、その根を断つ根本的な措置を講じなければならない」とも表明した。

同様の弔意とテロ批判はラフサンジャーニー（当時、公益判別会議議長）やハラーズィー外相など、政府要人らから相次いだ。また、議会議員二一〇人の連名による米国民への弔意の書簡が発出されたほか、テヘラン市街では市民数百人がロウソクを手に弔意を表す行進を行い、一四日開催のサッカー・ワールドカップ・アジア予選（対バハレーン戦）の試合前には、観客四～五万人が一分間の黙禱《もくとう》を捧《ささ》げた。同日の金曜礼拝でも「米国に死を」という反米スローガンが叫ばれることはなかった。

こうしたイラン側の動きを受け、G・W・ブッシュ（G・H・W・ブッシュの息子）共和党政権国務長官（C・パウエル）も前向きに評価し、クリントン前政権の関係改善が継続するように見えた。また、T・ブレアー英国首相とハータミーとの電話会談が実現し、二二年ぶりに英外相（J・ストロー）がイランを公式訪問した。

しかし、経済重視から米国との関係見直しを必要とした「現実派」や「文明間対話」を推進する「改革派」とは異なり、「保守派」は独自の視点から九・一一を捉えている。たとえば、九月一七日、ハーメネイーは「いかなる場所であれ、また原爆、長距離ミサイル、生物化学兵器、旅客機、軍用機を含むいかなる兵器であれ、またいかなる組織、国家、個人によって実施されようとも、人間の殺害は非難されるべき」としたうえで、九・一一の原因が「米国の膨張主義政策にあり、もしこの国がそうした政策を放棄し、国内政治に専念すれば、かかる事件は再発しない」と指摘した。「テロ国家」としての米国の「加害者性」に着目したその発言を受け、「ゴム神学校教師協会」も米国政府には「テロに対する防衛を自ら打ち消す歴史があり、反テロ闘争の旗を掲げる適正さに欠ける」との声明を発表した。さらに、「国内の無責任な分子が米国の最近の事件の根幹に着目せず、拙速かつ無責任に対米関係に向かって歩み」始めていると、返す刀で「改革派」を批判した。

こうして「改革派」と「保守派」間の対立が浮き彫りになったが、九・一一実行犯と目されたアルカーイダを匿《かくま》うターリバーン政権打倒を目指し強行されたアフガニスタンでの「反テロ戦争」では、ハータミー政府は対米協力姿勢を採用した。ターリバーンに反対する北部同盟によるヘラート解放軍事作戦には、革命防衛隊が派遣され、イランに流入したアルカーイダのメンバー五〇〇人を拘束した。

さらに、イランは周辺諸国に米露を加えた「6+2フォーラム」に参加し、暫定政権樹立を含む基本方針の策定に関わる「ボン合意」(〇一年一二月)の成立にも貢献した。D・H・ラムズフェルド国防長官が「今後五年以内に新たな(対イラン)関係を目撃することになろう」と発言したように、ブッシュ政権内部ではイランの役割が評価された。

「悪の枢軸」とイスラエル

しかし、本書の「はじめに」で記したように、二〇〇二年早々、ブッシュ大統領がイランを

「悪の枢軸」として糾弾したことは、好転しつつあった米・イ関係に一挙に冷水を浴びせるに等しい衝撃を与えた。

その直接的な理由として考えられるのは、これに先立つ一月三日、イスラエル沖五〇〇海里の紅海上で約五〇トンの武器を積んだパレスチナ向けの貨物船「カリーヌA」号がイスラエル海軍の臨検を受け、拿捕されるという「大量武器密輸事件」(以下、カリーヌA事件)がある。カチューシャ・ロケット弾、迫撃砲弾、対戦車ミサイル、カラシニコフ自動小銃など、大量の武器はイスラエルへの破壊活動を目的に、イランが同船に積み込んだものであると、シャロン・イスラエル政府が発表し、『エルサレム・ポスト』ほか、同国メディアもその後大々的にこの事件を報じた。

ハータミー・イラン政府とY・アラファート(一九二九~二〇〇四年)率いるパレスチナ自治政府は、かかるイスラエルの主張を断固否定した。しかし、このカリーヌA事件はイランがパレスチナでの反イスラエル・テロ活動の「黒幕」であるかのごとく取り上げられ、当然米・イ関係に悪影響を及ぼした。その延長線上に、ブッシュの「悪の枢軸」発言があると考えられる。

ところで、立ち現れる事実関係をもとに歴史を紐解《ひもと》く見方から逸脱するようだが、軍部・情報機関が関与する事件については、慎重な判断が常に求められる。たとえば、モサッデグ政府打倒クーデターはシャーとモサッデグ間の権力闘争を装ったが、実際にはCIAと英国諜報《ちょうほう》機関が裏で工作した陰謀であったことは紛れもない事実である。その点で、カリーヌA事件は、動機を含めて「奇妙」な事件である。

その点に関して、ファイヤーズマネシュが自著（Fayazmanesh, 2008, pp.110〜113）のなかで幾つかの疑問を提起している。たとえば、イランがオスロ合意成立後、関係の冷却化したパレスチナ自治政府になぜ武器支援を行う必要があったのか、さらにシリア・レバノン経由ではなく、イスラエル当局が臨検可能な海路を用いた理由も謎である。また、動機の点で言えば、この事件がイランの関与によるのであれば、当然その発覚は修復に向かい始めた対米関係に悪影響を及ぼすが、なぜそうした冒険をイランはあえて企てる必要があったのかも疑問となる。逆に、この事件で利益を得るのは、イラン脅威論を米国に再認識させる点で、イスラエルであるということになる。

その点で、二〇〇〇年九月当時、リクード党首で外相のアリエル・シャロンによるイスラームの聖地「岩のドーム」の強行訪問を契機に始まったパレスチナ人の「第二次インティファーダ」への弾圧はこの事件の影響下で容易になる。また、イスラエル政府の意を受け、シオニスト・ロビーやD・チェイニー副大統領を筆頭とする「ネオコン」*の働きかけを通じて、ブッシュ政権も対イラン封じ込め強化に舵《かじ》を切る可能性さえも生じる。いずれにしても、イランに反対するイスラエルの利益にかなうものとなる。

＊誤解を恐れずに言えば、伝統的な見解や価値を優先し、変化を嫌う傾向のある従来の「保守主義」と異なり、武力を含む影響力の行使によって、特に中東での変化を積極的に追求することで国益の確保・拡大を目指す思想を信奉する政治家・官僚・知識人を指す。ブッシュ政権内ではチェイニー副大統領のほか、国防長官ラムズフェルド、同副長官P・ウォルフォウィッツ、国務次官J・ボルトン、国防政策委員会委員長R・パールなど数多く、シオニスト・ロビーやそのシンクタンクとのつながりが強いことでも知られる。

ともあれ、「悪の枢軸」呼ばわりされたイランでは、「保守派」はこれまで以上に米国への敵対意識を強め、「現実派」・「改革派」とその支持者はブッシュ政権に失望し、怒りさえあらわにした。

たとえば、対米交渉に積極的であったハータミーは、「悪の枢軸」発言を「裏切り」とみなし、「ブッシュが米・イ関係の棺に最後のくぎを打ち込み封印し」、「少なくとも自分の大統領在任中は、関係改善はない」とさえ表明した。また、ブッシュを「人間の血に飢えた」指導者と非難したハーメネイーは、アフガニスタンでの「協力依頼が戦術的」な行動に過ぎず、イランとの関係改善の意図は米国にはないと捉えた。さらに、ラフサンジャーニーも「自らの党（共和党）の票獲得を目的に、中間選挙を睨《にら》んだ危機の醸成」を促すものであり、米国を「雀《すずめ》の脳を持つ恐竜」と酷評した。特にハータミー政府成立以降、少しずつ積み重ねられてきた米・イ両国間の和解ムードは「悪の枢軸」発言で雲散霧消した。

私の知るイラン人の多くは礼儀を尊重する人びとである。イランでタクシーを降りる際に、「あなたからお金はもらえない」と言う運転手がいるのは当たり前で、それは「タアーロフ」（相手を立てる儀礼的な挨拶や行動）の豊かさに由来する。また、巧みなジョーク、風刺画、コメディーに見られるユーモアの感覚もひときわ秀でている。他方で、涙もろい彼らは、大国の陰謀論に発展しがちな「被害者意識」にも富む。さらに、アケメネス朝やサーサーン朝（二二六〜六五一年）という大帝国を有した自民族の歴史に強い誇りもある。突然のごとく突きつけられた「悪の枢軸」発言は、礼儀を逸し、ユーモアともなりえない。そして、誇りさえも踏みにじる誹謗《ひぼう》中傷として、多くのイラン人の心を傷つけた。再び、米国が謝罪すべき材料が増えたようにさえ考えられる。

第五章　「核兵器開発」疑惑の変転とイラン

イランの「核開発」に向けた動き

「悪の枢軸」発言で、米国はイランのＷＭＤ開発への積極的な追求姿勢を非難したが、そこには具体的証拠がないことが最大の弱点であった。しかし、それから七カ月後に、イラン反体制組織ＭＥＫ（モジャーヘディーネ・ハルク）の在米政治部（イラン抵抗国民会議）が記者会見でナタンズとアラークで核関連施設が秘密裏に建設中であると発表し、以後今日まで続くイラン「核兵器開発」疑惑が国際的に問題視されるようになる。

ところで、イランの核開発計画は、シャー政権が米国との間で「原子力平和協定」を締結した一九五七年までさかのぼる。二年後にはテヘラン大学原子力研究センターが設立され、六七年には出力五メガワットの研究用原子炉が米国から供与された。翌年、シャー政権が調印した

NPT（核拡散防止条約）は七〇年に議会で批准された。石油資源の将来的枯渇への懸念から、イラン全土に二二基の原子炉（総電力量二万二〇〇〇メガワット）を配置する計画もあり、七四年には原子力庁が創設された。だが、革命後の混乱のなかで、西独企業が着工したブーシェフル原発建設も中断し、シャー政権の原子力政策は事実上放棄された。

気になる核兵器について言えば、イ・イ戦争下で化学兵器に訴えるイラクへの対抗上、革命防衛隊相モフセン・ラフィーグドゥースト（一九四〇年〜）が二度、WMDの開発を進言したが、その際ホメイニーは「我々が化学兵器を製造すれば、サッダームとの違いはない」とし、またイスラーム法上「ハラーム」（禁忌）であると回答した。以後「核兵器については一切話題にしない」ということになったという。

それよりも戦時中から戦後にかけて深刻化したのは、明らかな電力不足である。一日数回の停電も稀《まれ》ではなく、そのため八九年成立のラフサンジャーニー政府は、中断されていたブーシェフル原発の工事再開に動き、ドイツ、中国、ロシアの企業との契約交渉に臨んだ。しかし、いずれもクリントン政権の圧力で頓挫した。九五年になってロシアとの契約が成立したが、次々に繰り出される米国の反イラン政策の前に工事はなかなか進捗しなかった。それがイラン政権指導部をイラつかせた。そこには、七九年の三七〇〇万人から八九年には五五〇〇万人に達した人口急増に見合う電力エネルギーの確保が是が非でも必要であったからであり、またそれを原発でまかなえれば、国内で消費される石油・天然ガスを輸出に振り向け、外貨収入を拡大できるからであった。

これまで幾度か行われた世論調査でも、原発建設は経済の安定と発展、さらに先進性の証《あかし》として、九〇パーセント以上の国民から強く支持されている。八五年頃から始まったと言われるイランの「核（エネルギー）開発」はしかし、「核兵器開発」疑惑にすり替わっていく。その過程はイスラエルとの関わりを抜きに語れない。

イスラエル・ファクター

第二次世界大戦後、フランスの協力を得て核兵器開発を進めたイスラエルは、現在中東で唯一の核兵器保有国である。NPTに参加せず、米国L・ジョンソン政権（一九六三～六九年）以来、IAEA（国際原子力機関）の査察を受けずにきた。一九六六年までにプルトニウムの分離に成功したイスラエルについては、ストックホルム国際平和研究所が刊行する『SIPRI年鑑』でも、今や一〇〇発近くの核弾頭を保有すると報告されている。しかし、イスラエルの歴代政府は核兵器保有の事実を認めず、「域内で最初の核兵器導入国にはならない」という一九七五年のラビン首相発言に立脚した「曖昧化政策」を採用してきた。

イスラエルのこの政策は、同時にほかの中東諸国の核兵器開発の芽を事前に摘み取ることを意味した。八一年のイラク・オシラク原子炉空爆もその一環である。そして、戦後イランが経済復興を目的にした原発導入に舵を切れば、イスラエルは妨害工作に打って出た。シオニスト・ロビーを総動員し、議会とクリントン政権に圧力をかけ、反イラン政策の導入を執拗《しつよう》に迫ったこともすでに述べたとおりである。

このように見れば、ＭＥＫによる突然のイラン「核兵器開発」疑惑の暴露も、イスラエル絡みで行われたと見て、あながち的外れではない。実際、米国政治、中東紛争や核問題に多くの著書を残すＳ・ハーシュは、自著（Hersh, 2004, p.349）のなかで、イランの「核開発」疑惑の情報源がイスラエルである旨指摘している。真偽は定かではないが、クリントン政権時代からＭＥＫの記者発表後の今も、イランの「核の脅威」を国際社会にもっとも強く訴えているのがイスラエルであることに間違いはない。米国を介したイスラエルの反イラン姿勢がなければ、イランの「核兵器開発」疑惑はかくも長期化しなかったに違いない。

疑惑発覚直後、ハータミー政府は今回の原子力関連施設（ナタンズのウラン濃縮施設とアラークの重水製造施設）建設がＩＡＥＡに対して行うべき一八〇日前の事前通知義務を怠ったことを認めた。そのうえで、彼はイランがNPT第四条にある「締約国の奪えない権利」としての「核の平和利用」を遵守する立場にあることに変わりはない旨表明した。ちょうど国際的緊張をもたらしていた北朝鮮の「核抑止論」の立場とは一線を画した。

その後のIAEAの査察でも、核兵器開発プログラムにつながる具体的証拠は発見されなかった。唯一問題視されたのは高濃縮ウランの痕跡であったが、それも輸入した遠心分離機（ウランガス濃縮装置）にもともと付着していたものであると了解された。そして、EU3（英仏独）と交渉を重ね、二〇〇三年一〇月には「自発的なウラン濃縮停止」と引き換えにしたイランの「核エネルギーの平和利用」の権利を認める「テヘラン合意」が成立した。二カ月後、イランはIAEAの追加議定書に署名し、核関連施設への抜き打ち査察も容認した。

さらに、イランが積極的な信頼醸成に向けた姿勢に基づき対応した結果、翌〇四年一一月の「パリ合意」も成立した。イランは核兵器級への転換を行わない「客観的保証」を与える枠組み構築のためのWG（ワーキンググループ）の結成に同意し、EU3はイランとの間での戦略的、政治的、経済的、そして安全保障上の長期的な協力に合意しつつ、イランのWTO（世界貿易機関）加盟申請への支援を約束した。また、この合意で主権の保持と「核の平和利用」の権利を明確化したいとの希望から、イランはウラン濃縮の停止が「自発的」かつ「一時的」な措置であることに拘泥した。

しかし、イスラエルは順調な交渉プロセスに真っ向から反対した。シャロン首相はブッシュ政権にイランの核兵器開発が米国の予想をはるかに上回る早さで進んでいると警告し、〇四年九月の国連総会ではＳ・シャローム外相が「イランはサッダーム・フサインに代わって、世界でテロと嫌悪と不安定の輸出国ナンバー1である」と激しく非難した。

執拗なまでにイラン脅威論を訴えるイスラエルには、自国の核兵器保有と違法占領から国際社会の目を逸《そ》らし、同時にパレスチナをめぐる抵抗運動に支援を与えるイランをいっそう孤立させる狙いがあったように考えられる。

米国の介入と「保守派」の攻勢

もちろん、こうしたイスラエルを擁護したのは、米国「ネオコン」である。そのなかで、ＡＰ通信によればボルトン国務次官は、二〇〇五年一月にイスラエルが「民主主義国家」であり、「米国の同盟国」であるがゆえに、たとえイスラエルが「域内のどこであれ、核兵器を使用しようとも、脅威とみなさない」旨表明している。ＮＰＴ未加盟のイスラエルの核兵器保有の事実だけでなくその使用さえ容認する姿勢は明らかに尋常ではない。

しかし、ブッシュ自身は、イランの「核兵器開発」疑惑の追及に当初消極的であった。何よりも、対イラク軍事攻撃を優先していたからである。二〇〇三年三月二〇日に始まったイラク戦争は、五月一日に大規模戦闘行為の終息宣言が出されるほど、予想どおり短期間で終わった。その後、サッダーム政権の残党を含む反米勢力との戦闘やテロが頻発したが、〇四年六月には連合国暫定当局からイラク暫定政府への主権移譲も行われ、ブッシュは同一一月の大統領選で勝利した。そこからブッシュ政権によるイラン「核兵器開発」疑惑への積極介入が開始される。

そこでまず、米国は先の「パリ合意」で約束された「自発的」かつ「一時的」なウラン濃縮活動の停止ではなく、法的な拘束力を持つ無期限停止をイランに課すようにEUに圧力をかけた。当然、イランは強く反発した。ハーメネイーはただちにウラン濃縮の活動再開を指示し、予定されたジュネーブ交渉の継続も中断した。行き詰まりを見せたこうした事態は、ハータミー政府・「改革派」主導で成立した「パリ合意」を「不平等条約」に等しいとみなす「保守派」を勢いづかせた。

〇四年二月開催の第七期議会選挙の立候補者について、監督者評議会はこれまでどおり、事前審査を実施したが、そこでは立候補申請者八一三二人中、「改革派」現職議員八〇人を含む三六〇〇人以上が不適格となった。制度上の利点を利用した「保守派」は、この選挙で二〇〇議席近くを占め、逆に「改革派」は五〇議席にも満たずに敗北した。

翌年六月開催の大統領選挙も、七人の候補者が争った第一次投票で過半数の得票者が出なかった結果、上位ふたりの決選投票に移行した。本命視されたラフサンジャーニーが三五・九パーセントに終わり、全国的には無名に近い候補者マフムード・アフマディーネジャード（得票率六一・二パーセント）に大差で敗れた。この選挙（第一次投票）前夜、ブッシュから、イランの有権者に選挙ボイコットを訴える扇動的な声明も発表されたが、イランの民意はそれほどナイーブではなかった。

追い詰められたイラン

ところで、革命後のイランの大統領は個性派揃《ぞろ》いである。ソルボンヌ大学で経済学を修め、ホメイニーより「我が息子」とも呼ばれながら、一九八〇年の大統領就任後、ＩＲＰとの権力闘争に敗れてイランを去ったアボルハサン・バニーサドル（一九三三〜二〇二一年）からハータミーまでの過去五人（うち、三人が宗教学者）と比較しても、アフマディーネジャードは決して引けを取らないほど個性的である。

テヘラン南東の小都市の鍛冶屋の家庭に生まれた彼は、テヘランに移り住んだ後、大学で専攻した開発工学分野で博士号を取得した経歴を持つ。イ・イ戦争中にはエンジニアとして革命防衛隊に参加し、戦後は州知事を務め、政界入りした。その際、彼を後援したのがラフサンジャーニーであったという。その彼がラフサンジャーニーを破って「保守強硬派」の大統領として知られるようになったことは興味深い。

それはともあれ、米・イスラエルの介入によってイランへの国際的圧力が日増しに強化されるなかで、彼の率いる政府の正式発足直前にはエスファハーンのウラン転換施設の活動が再開される旨発表された。その後、九月下旬にはIAEA理事会でNPTセーフガード（保障措置協定）違反を理由に、問題を安保理に送付することが決定された。

当然、こうした動きを睨んで、アフマディーネジャードの対決姿勢も強化された。一〇月にテヘランで開催された「シオニズムなき世界」と題する会合で、彼は「アルゴドゥス（エルサレム）を占領する政権が時代のページから消去されねばならない」とのホメイニー発言を引用し、パレスチナ問題への一切の妥協を拒否することを公言した。『エルサレム・ポスト』には、「イスラエルを地図上から抹殺するための新たなテロのうねり」と副題をつけた記事がただちに掲載された。

これを受けて、シャロン・イスラエル首相は国連からのイランの追放を主張し、大々的な反イラン・キャンペーンを展開した。九六〜九九年に首相を務め、シャロンと権力闘争を展開していたネタニヤフも、八一年にイラク・オシラク原子炉攻撃を強行した「故メナヘム・ベギン元首相の精神に基づき行動する必要がある」と、対イラン攻撃を示唆した。しかし、アフマディーネジャードは「イスラエルのドイツ、オーストリアへの移転」、「ホロコースト神話（＝虚構）」、さらにNPTの現状を「核のアパルトヘイト」（人種差別的核兵器保有体制）と非難するなど、挑発的発言を以後も繰り返し、イランに対する国際社会の風当たりをいっそう強めた。

こうした経緯を踏まえて、イランが翌二〇〇六年一月には二年間停止してきたウラン濃縮活動を事実上再開すると、翌月のIAEA理事会は安保理への報告のうえ審議付託を決定した。そして、同年七月に採択された一六九六号を皮切りに、二〇一〇年六月の一九二九号まで、計七本の安保理決議が採択される。ウラン濃縮活動停止を強く迫るそれら決議内容をここで逐一紹介する暇はないが、イランの貿易・金融取引を制限するとともに、「核」とミサイル開発に直接・間接に関係するとみなされた銀行を含む各種機関、企業、個人の資産凍結や活動制限がそれらの決議に盛り込まれた。

こうした制裁決議の発動は、イランの社会経済に当然大打撃を与えた。インフレ率は二〇〇五年の一一パーセントから〇八年には二五〜三〇パーセントに上昇した。失業率も、全国平均で一〇パーセントを下回ることはなく、特に人口一〇〇〇万人を超える首都テヘランでは、三〇パーセント近くに達した。都市部では、大学院修了を含む高学歴の青年層が就職さえできない状態に追い込まれ、多くの公務員が副業で生計を立てることも稀ではなくなった。

アフマディーネジャードは「石油収入を国民のテーブルに」をスローガンに、大統領選で勝利を収め、公務員給与の引き上げ、生活基本物資への補助金拡大、貧困層を対象にした国家プロジェクトや低金利融資の実施を試みた。しかし、米国主導でイランの石油禁輸措置を国際的に要求する制裁が別途科された結果、イランの国家財政は年を追って縮小した。イラン統計センターのデータでは、二〇〇六／〇七年に一三三兆リヤールだった赤字は二〇一一／一二年には二八八兆リヤールに膨れ上がった。経済的信用も失われ、イラン通貨も対米ドルベースで下落の一途をたどった。戦後復興は遠い夢のようになった。

こうした厳しい現実に直面した学生や都市中間層がアフマディーネジャード再選を阻止すべく、「改革派」支持を強く打ち出したのは自然の流れである。そこで、彼らの期待を一身に担ったのが元「急進派」首相のムーサヴィーである。五〇〇〇人以上もの国外からの報道関係者が押し寄せ、国際的な注目を浴びた〇九年六月の大統領選挙は、しかしアフマディーネジャード（約六三パーセントの得票率）の勝利で終わった。

しかし、ムーサヴィーの得票率がわずか三四パーセントであるはずがないとして、それを不正・改竄の結果とみなした数十万人規模の抗議運動がテヘランで発生した。イランの主要都市に拡散したこの運動は、そのシンボルカラーから「緑の運動」と呼ばれる。これに対して、革命防衛隊、バスィージ（義勇兵部隊）、警察が動員され、対抗する官製デモも繰り広げられた。少なくとも死者七〇人、逮捕者二〇〇〇人以上を出した今回の抗議運動（「六月危機」）は、当時行政・司法・立法の三権を掌握した「保守派」主導体制に大きな揺さぶりをかけたが、それ以上の結果をもたらすことはなかった。とはいえ、一〇年前の学生主体の抗議運動よりもはるかに大規模かつ深刻な政治危機であったことに間違いない。

アフマディーネジャードの余りに露骨な反米姿勢、遠心分離機の増設やウラン濃縮度の引き上げといった非妥協的な対抗策では、イランをさらなる窮地に追い込むに過ぎないという判断が、ハーメネイー中心とする「保守派」にも共有された。しかも、彼の政府のもとで革命防衛隊が政治的・経済的な影響力を著しく増強し、「イスラーム法学者の統治」体制が形骸化されるとの認識も一部にささやかれ始めた。

急展開する「核兵器開発」疑惑

大統領選の結果に抗議する運動がイランで高揚する半年前、米国ではオバマ民主党政権が誕生した。オバマ政権は当初こそ、議会の圧力にさらされながら、イランに対する態度を強めた。しかし、「アラブの春」で中東情勢が流動化するなか、ハータミー時代の核交渉で成果を残し、「改革派」から「保守派」の一部まで広く支持されたハサン・ロウハーニー（一九四八年〜）が二〇一三年の大統領選で勝利したことにより、オバマはただちに交渉に乗り出した。その結果がその年一一月末に成立する「共同行動計画」(Joint Plan of Action, JPOA）である。

P5＋1（安保理常任理事国とドイツ）との間で成立したJPOAは、イランの核開発計画が「平和目的」である点を確認したうえで、濃縮度二〇パーセントに達していたウランの希釈、今後五パーセントを超えるウラン濃縮と濃縮・再処理関連施設の新規建設の停止、軍事施設を含めたIAEAによる査察への協力と引き換えに、イランに対しては制裁停止だけでなく、新たな制裁を発動せず、人道上必要とされる貿易の促進と資金経路の確立を約束した。もちろん、これには〇九年三月からイスラエル首相に返り咲いたネタニヤフ率いるイスラエル政府、在米シオニスト・ロビー、共和党系議員が激しく反対した。とはいえ、その後も粘り強く地道な交渉が続けられた結果、一五年七月に「包括的共同行動計画」(Joint Comprehensive Plan of Action, JCPOA) が成立する。

JPOAよりもさらに細部に踏み込んだその合意内容(次ページ表参照)は、基本的には今後一五年間、三・六七パーセントをイランによるウラン濃縮度の上限に設定し、低濃縮ウランの貯蔵量も三〇〇キログラムまでに制限することを骨子として、それら条件へのイラン側の遵守と「核の平和利用」の透明性が確証される限り、安保理の対イラン経済金融制裁決議と米国・EUの独自制裁を解除するというものである。

この合意が公表されると、テヘランの諸都市では多くの人びとが街頭に繰り出し、歓喜で溢れかえった。他方で、あくまで米国に対する警戒心を緩めずにきたハーメネイーは、合意から三日後の演説で「この問題にいかなる運命が待ち受けているかを注視しなければならない」と表明した。幾度も急変する米国政府の対応に苦汁を飲まされてきたからであったが、その警戒心は確かに正しかった。翌一六年一月には対イラン制裁が解除され、今後経済が好転するとの期待が生まれつつあるなかで、同年一一月の大統領選挙でJCPOAを「破滅的な取引」と表明していたD・トランプ共和党候補が勝利したからである。

翌年一月に発足するトランプ政権の反イラン政策はすぐに明らかとなった。二月初めに弾道

イラン側のJCPOA主要合意内容

○ウラン濃縮用遠心分離機数上限5,060機の遵守(期間10年)

○ウラン濃縮度上限3.67%以下の遵守(期間15年)

○3.67%以下ウラン貯蔵量300kg以下の遵守(期間15年)

○ウラン濃縮関連研究開発の実施(期間15年)

(以上、ナタンズ)

○ファルドゥ施設の核・物理学・技術センターへの転換と
ウラン濃縮活動の差し止め(期間15年)

○兵器級プルトニウム製造に適用不能なアラーク重水炉への設計変更と
使用済み核燃料の国外搬出(期間15年以上)

○新たな重水製造施設の建設差し止め(期間15年)

○研究開発向け再処理と同施設の建設差し止め(期間15年以上)

○IAEAによるウラン鉱山・製鉱への査察等への協力(期間15年以上)と
監視・査察活動の効率化を目的とした先進技術の利用の事前承認(期間15年)

○先進技術の利用の事前承認(期間15年)

ミサイル発射実験を行ったイランに対して、「悪行に寛容過ぎる時代は終わった」として、この実験に関与したイランの個人・企業に対する銀行取引停止措置を発表するからである。そして、彼の対イラン姿勢がもっとも顕著に現れたのは、二〇一七年一〇月の「対イラン戦略」と題した声明である。そこでは、「地球上のあらゆるところで死と破壊と混乱をまき散らす独裁国家イランがテロ・テロ支援によって多くの米国人や非米国人の生命を奪い、核兵器開発を追求している」と非難し、JCPOAを、「米国が参加したなかで最悪かつもっとも一方的」取引と位置づけた。これによって、テロ資金に流用可能な一〇〇〇億ドル以上もの財政支援を受けたに等しいイランは核兵器開発を促進させていると続けた。

こうした露骨な反イラン姿勢には、もちろんイスラエルとともに、「ネオコン」、シオニスト・ロビーが関わっている。加えて大統領上級顧問に抜擢された娘イヴァンカの夫ジャレド・クシュナーや彼の父（チャールズ・クシュナー）の働きかけも考えられる。

不動産デベロッパーのジャレドの父は、ネタニヤフの長年の友人であり、ヨルダン川西岸での入植地の建設拡大を熱烈に支持するシオニストである。また、脱税や証人買収容疑などで二年の実刑判決を受け収監されたこともある彼は、脱税やマネーローンダリング、さらにイラクで十数名の民間人殺害で起訴されたPMC（民間軍事企業）関係者など二〇名以上とともに、二〇二〇年一二月には退任直前のトランプによる大統領恩赦の対象ともなっている。明らかな「政治の私物化」をそこに見ないわけにはいかない。

他方、イラン国内では、一六年二月の議会選挙が、全体として無所属・新人議員の当選が顕著であったとはいえ、「改革派」がテヘラン選挙区の全三〇議席を獲得し、ロウハーニー政府支持の議員（「保守派」を一部含む）が大勢を占める結果で終わった。その余勢を駆って、翌一七年五月の大統領選では、ロウハーニーは「保守派」の大立者で元検事総長のエブラーヒーム・ライースィー（一九六〇年〜）を一九ポイント差（五七パーセントを超える得票率）で破り再選された。前回の五〇二万票増という得票総数から、有権者がＪＣＰＯＡ合意を取りつけたロウハーニーの功績を積極的に評価し、今後に期待を膨らませたのも理解できる。

しかし、テルアビブからエルサレムへの米国大使館の移転、シリア領ゴラン高原のイスラエル併合承認など、次々と国際法や慣例を無視するトランプ政権の「横紙破り」の政策からわかるように、ＪＣＰＯＡからの離脱は時間の問題であった。そして、一八年五月、トランプ政権はＪＣＰＯＡからの単独離脱と対イラン制裁の本格再開を発表した。かつてＪＰＯＡ成立前に採用された第三国による対イラン貿易の禁止措置を復活し、当該国に制裁を科す政策も導入した。それには猶予期間が設けられたが、原油輸出の自由を訴えるイランに「最大限の圧力」をかけた。

さらに、革命防衛隊を「テロ組織」として非難し、傘下にあるゴドス部隊（一九八八年創設、兵力数万規模）の司令官ガーセム・ソレイマーニー（一九五七〜二〇二〇年）の殺害を実行させた。ソレイマーニーは、アフガニスタンでの対ターリバーン闘争への支援やイラクでのＩＳ（「イスラム国」）との戦闘でも指導力を発揮した軍人としてイランでは知られていた。

米国の制裁再開を「主権国家としての生存権の否定に等しい」とみなしたロウハーニー政府はそれまでの穏健な姿勢を翻し、ウランの濃縮度の継続的引き上げで対決姿勢を強めた。一九年六月には、ホルムズ海峡上空での米国の偵察ドローンの撃墜、それに先立つ複数のタンカー攻撃事件など、すべてがイランによるかどうかは別にして、軍事的な緊張状態も生まれ始めた。

制裁再開による物資不足と食糧・燃料の高騰から、ロウハーニーは米国の政策を「経済テロ」に等しいとして国際的に訴えた。しかし、ＥＵにはイランに合意遵守をひたすら求め、他方米国にＪＣＰＯＡ復帰を促す以外に対策はなかった。とはいえ、二〇二〇年一一月の米国大統領選挙の結果、国内外で多くの不条理をまき散らし、「唯我独尊」に明け暮れたトランプ政権は終わりを告げた。

終章　複合的な米・イ対立と現在

複合的対立とイラン内政

これまで概観してきたことから分かるように、米・イ対立は単なる二国間の問題ではない。むしろ両国内のさまざまなアクター（行動主体）が相互に、また複雑に影響を与え合いながら形成されてきたところに、すなわち「複合的対立」にこそ米・イ関係の難しさがある。

たとえばイランでは、戦後復興のために対欧米関係の改善にまで踏み込んだラフサンジャーニー率いる「現実派」、その後を受けて対話を通じて対米関係の改善に歩みを進めたハータミー指導下の「改革派」、それら両派の方針に反対し、ホメイニー以来の反米路線を踏襲する「保守派」が角逐を繰り返してきた。現体制の存続・発展は三者が共有する最重要課題であるが、前二者と後者の対立の溝をひたすら深くしているのが対米改善の是非とその政治社会的影響の大きさである。

　他方、米国の場合も、国内的に分裂し、対イラン関係のあり方に深刻な影響を及ぼしている。イランに対する警戒や敵対姿勢では、民主党と共和党間でおおむね共通する面はあるが、ほかの国内外の政策課題（たとえば、人工中絶、銃規制、貿易、移民問題など）で大きく意見を異にする両党は、クリントン政権（第二期）やオバマ政権のような民主党政権が対イラン「融和」策を採用すれば、共和党が反発し、その後成立する共和党主導の政権が民主党の政策を覆し、露骨なイラン敵視政策に切り替えてきた。加えて、米国議会も政府方針に抗《あらが》う内容の法案を作成・可決し、政府に圧力を加えることも稀ではない。さらに、ブッシュ（息子）政権下で、対イラン政策に発言権を持つに至った「ネオコン」、それと無関係ではない在米シオニスト・ロビー、そこからの資金で運営され、米国・政府・議会に多大な影響を及ぼす「ワシントン近東政策研究所」（一九八五年設立）のようなシンクタンクもある。

「ネオコン」と気脈を通じたイスラエルの存在も考えれば、米・イ関係の複合的対立は米国内に止まらない。特にイランが革命以来、パレスチナを不法占領するシオニスト政権として、反イスラエル姿勢を堅持してきたがゆえに、シャロンやネタニヤフが率いたイスラエル・リクード政権に止まらず、二〇二一年にネタニヤフ退陣後に政権を担うことになったN・ベネット

（右派政党「ヤミナ」党首）率いる連立政権も、反イラン政策の継続を米国に訴えて止《や》まないことがある。

そうした複合的対立の結果、多くの時間とエネルギーを割きながら、米・イ関係はいまだに改善への糸口をつかめない。クリントン政権第二期から九・一一事件の勃発したブッシュ政権の最初の一年間、ハータミー政府が唱えた対話ムードは保持された。しかし、「悪の枢軸」発言がそれを台無しにした事例、またオバマ政権が参加したＪＣＰＯＡの成立により、「核兵器開発」疑惑問題にようやく解決の糸口が見えた矢先のトランプ政権による単独離脱で振り出しに戻った現状も、そうした複合的対立の影響を鋭く反映した結果と見ることができる。

さらにそこには、米国の対イラン政策がイラン内政に重大な影響を及ぼし、対米交渉を掲げる「改革派」政府にダメージを与え、それに続く政府が対米強硬姿勢を採用する「保守派」に有利に働くケースも見落とせない。たとえばアフマディーネジャード政府成立の前提にも、一七年の大統領選で「保守派」候補として敗れたライースィーが二一年の大統領選で最終的に勝利したことにも、米国の対イラン政策が大きな暗い影を落とした。

奇《く》しくも、米・イ両国では政権発足が同じ年にある。「核兵器開発」疑惑問題がトランプ政権のＪＣＰＯＡからの単独離脱でリセットされた後にバイデン政権が成立し、ウラン濃縮活動の完全停止を交渉の前提に据える方針を採用した。これに対して、ライースィー政府はそうした主張を拒否し、まずは米国の制裁解除の必要性を唱えている。英仏独中露が米・イ両国の間に立って、二一年四月からウィーンで核協議が始まったが、妥協点を見出《みいだ》せず、そうしたなかで翌年二月にロシアのウクライナ侵攻から、その協議も中断した。

ところで、一九六〇年生まれのライースィーは、ホメイニーから直接薫陶を受けた直系の弟子ではなく、ボルージェルディーとホメイニーの弟子たちの指導を受けながら、同郷（マシュハド）のハーメネイーからの信頼が厚い宗教学者として知られる。司法分野で「保守派」を率いる代表として頭角を現し、検事総長や司法権長を務めた経歴を持つ彼は、高齢の最高指導者ハーメネイーの後継者として有力視されており、今回の大統領就任もそのための布石との見方もある。イ・イ戦争後に政治犯の大量処刑に関与し、宗教的な学識の点で疑問視されることもあるため、彼の最高指導者就任が確約されたわけではないが、「保守派」の実力者としての政治姿勢から、米・イ関係の改善の道のりはいまだ遠いと言うことができる。また、求心力と財力に加え、老練な指導力を兼ね備えたラフサンジャーニーの死去（二〇一七年一月）で、「改革派」を下支えしてきた「現実派」にはイラン政治を左右する影響力が残るとは思えない。そのことも、今後の米・イ関係に深刻な影響を与えるに相違ない。

「核兵器開発」疑惑再考

「核兵器開発」については、イランの政権指導部はそれを否定し続けている。他方、イスラエルと米国両政府はその主張をまったく信用せず、EUや日本はイランの主張に疑念を抱いている。また、メディアでも、イランの「核兵器開発」を前提に報道されているふしがある。そして、研究者の間では、恐らく意見が分かれるに違いない。

しかし、この開発計画がイスラエルや米国が主張するように、イ・イ戦争中、さらに一九九〇年代から開始されたということにはさほど確たる根拠があるわけではない。むしろ根強い反イラン姿勢に立脚したものでさえある。ラフサンジャーニー政府もハータミー政府もともに、「革命輸出」や「テロ支援」という汚名を返上し、戦後復興の達成を最重要課題とみなした。そこに核兵器開発による域内覇権の確立はなかった。

また、MEKが提起した核関連施設の建設問題がイランの秘密裏の「核兵器開発」計画の証のごとく位置づけられるかもしれない。だが、それも具体的な証拠ではないからこそ、その後実施されたIAEAの査察でも、核兵器開発プログラムの存在を明示できず、「核の平和利用」というNPT加盟国の権利を尊重するEU3との間での合意が成立した。しかし、すでに述べたように、米国とイスラエルがそれに異を唱え、ウラン濃縮の完全停止を対イラン合意の不可欠の条件とすべく、ＩＡＥＡとＥＵに圧力をかけた。だが、それに従うことは、イランにとって「核の平和利用」という正当な権利と主権国家としての尊厳を放棄するに等しく、おのずと対決姿勢を強めることになった。

また、ホメイニー同様、ハーメネイーも核兵器使用がイスラーム法上「ハラーム」であるとの立場を崩さず、ＮＰＴからの脱退も表明しない。安保理による相次ぐ制裁を受けながら、イランは確かにＩＡＥＡによる査察の制限や拒否、遠心分離機の増設と新型機の導入、それに伴うウラン濃縮度の引き上げや備蓄量の増加、核兵器製造にも利用可能な重水製造、さらに核弾頭の運搬手段となる弾道ミサイルの開発など、国際社会の疑念を増幅させる行為を重ねている。その一方で、「核の平和利用の範囲内」での行動という主張を一切曲げることもない。

そこには、武力行使を容認する安保理決議もないままに戦争を仕掛けられた隣国イラクの教訓、ＮＰＴに加盟せず、米国の後援のもとで核兵器保有国となったイスラエルの存在、そしてＮＰＴへの未加盟のままに九八年にパキスタンとともに核実験を強行し、二〇〇六年三月に合意された「原子力協定」という米国のお墨付きまで得たインドの事例もある。* 親米か反米かで、大国により「都合よく」使い分けられる「二重基準」は、イラン政権指導部を刺激して止まない。

＊これとの関わりで、当時のブッシュ政権が核分野でインドとかかる協力関係に踏み切った理由として、インド市場への米国企業の参入だけでなく、良好な関係を保持するインド・イラン間にくさびを打ち込む狙いがあったとも指摘されている。

「核兵器開発」の疑惑を行動で否定していく責任が当然イランにはある。他方、国連をはじめとする国際社会は、「核兵器開発」の是非をめぐって使い分けられる「二重基準」の是正と、NPT第六条に定められた核保有国の核軍縮交渉の誠実な実施に取り組まねばならない。

さらに、「核兵器開発」疑惑との関連で取り上げるべきは、イランへの米国・イスラエルの軍事力行使という危険なシナリオである。イスラエルには米国の全面協力抜きに、イランとの戦争に突き進むつもりはない。他方、歴代米国政権も対イラン攻撃に慎重であった。イスラエル指導部が幾度も対イラン攻撃のアドバルーンを上げてきたが、米国はアフガニスタンやイラクの比ではない混乱が域内に拡散するリスクを踏まえ、軍事行動に反対してきた。他方、イランの「保守派」も、イスラエル攻撃が体制存続を危殆《きたい》に陥れる点を十分理解している。

こうした三者三様の思惑のもとで、戦争に至る可能性は現段階で低いとはいえ、偶発的事件が大規模戦争を招来する可能性がないとは言えない。万一かかる戦争が発生し、現体制の崩壊を覚悟すれば、これまで公言してきたように、イランはホルムズ海峡封鎖に訴え、世界の石油四〇パーセントの供給を停止させる対抗手段に訴える可能性もある。加えて、「反テロ戦争」が「テロ」の国際的拡散を助長したように、イランを追い詰めれば追い詰めるほど、イラン政権指導部を核兵器開発に駆り立てる危険性が高まる。国際社会は軍事的暴走を食い止め、粘り強い交渉による現状打開に専念しなければならない。

「悪の枢軸」論を超えて

さて、これまでイランの現代的歩みと米・イ関係に焦点を当てながら、「悪の枢軸」とみなされたイランの「素顔」を見てきた。その過程で、「悪の枢軸」言説に訴えた米国の対イラン政策の内容とそれに影響を及ぼしたイスラエルを含む種々のファクターも取り上げた。

周知のとおり、イスラエルは建国当初から、敵対的なアラブ諸国に周囲を囲まれ、四面楚歌の状態のなかで戦火を交える歴史を重ねてきた。そうした戦争を幾度も繰り返すことによって、パレスチナ全土をほぼ軍事占領下に置き、またアラブの盟主と言われたエジプトと平和条約を結び、レバノンに活動拠点を移したＰＬＯを駆逐するなど、今やアラブ諸国のなかに軍事的脅威となる存在はなくなった。そして、アラブ諸国に代わって、イスラエルの脅威となったのがムスリムの団結を訴え、違法な軍事占領を国際社会に訴え続ける革命後のイランである。これに対して、イスラエルは核兵器を保持しながらも、イランの軍事力・国力に劣る存在であるからこそ、米国政府・議会に圧力を行使し、その脅威を全力でそぐ努力を重ねてきた。*

*今やWMDを含めた近代兵器が軍事力の要ともなっているため、ほんの参考程度に過ぎないが、兵力の点で言えば、イランは正規軍四二万、革命防衛隊二三万、約五〇の軍事力指標に基づくランキングでは一四二カ国中一四位を占める。他方、イスラエルの国防軍の現有兵力は一七万（動員可能兵力は除く）であり、軍事力ランキングは一八位とされている（Global Firepower - 2022 World Military Strength Rankings）。

確かに、イスラエルにとって、イランは厄介な存在である。超大国である米国、さらに米国が主導する国際社会の前に自説を曲げて現状容認に向かう国が多いなかで、イランはホメイニー以来の反イスラエル姿勢を決して崩そうとしない。だからこそ、イスラエル政府は「テロ支援」、「核兵器開発」、「中東和平反対」を材料としたイラン脅威論から、米国を巻き込む政策に訴える。その結果のひとつが「悪の枢軸」という言説である。そして、米国（ブッシュ政権）

にとって、それは過去のシャー独裁政権擁護やイ・イ戦争中の対イラク支援といった政策を含めた「不都合な真実」に蓋をし、新たな悲劇をもたらす言説でもある。

このように見てくると、イランを「清廉潔白」な国のように美化しようとしていると考えられてしまうかもしれないが、決してそうではない。一九八九年のウィーンでのクルド人指導者（アブドゥルラフマーン・ガーセムルー）に始まり、九〇年代初頭のパリやベルリンでの反体制活動家の暗殺、九〇年代末の国内での知識人殺害や学生主体の抗議と二〇〇九年の「緑の運動」への武力弾圧など、イラン情報省や革命防衛隊やバスィージ絡みの陰湿な事件も数多く挙げられる。

また、近年では経済制裁によって困窮する貧困層の大規模抗議運動が展開されるようになり、それに対する政権側の武力弾圧も目立って発生している。革命のスローガンとなった「被抑圧者の救済」が形骸化し、また多くのイランの宗教的知識人があるべきイスラームに依拠した理想国家と現政権の大きな隔たりを告発し、「宗教的独裁」として厳しく非難する現実からも決して目を背けるべきではない。

他方で、イランは多数の死傷者を出したMEKによるイスラーム共和党本部と首相府の爆破事件というテロの「被害国」でもある。故ラフサンジャーニーも革命直後に暗殺未遂事件で負傷し、さらに現最高指導者ハーメネイーも八一年六月にモスクでの説教中にＭＥＫがテープレコーダーに仕掛けた爆弾で重傷を負い、今も右腕が不自由な状態にある。また、二〇一三年一一月に死者二三人、負傷者一六〇人以上を出したアルカーイダ系組織による在ベイルート・イラン大使館爆破事件、四年後の一七年六月に少なくとも死者一七人、負傷者五〇人以上を出したＩＳ系組織によるイラン議会建物・ホメイニー廟《びょう》襲撃事件など、イランは多くのテロ事件に遭遇した。さらに、〇七年から二〇年までに、イラン人核物理学者を狙った暗殺事件が計六件発生している。いずれの事件も、イスラエル諜報機関（ＭＯＳＳＡＤ）の関与が疑われる。また、イラクから押しつけられた戦争の「被害国」でもある。素朴な「善悪二元論」では割り切れない複雑な実相をそこに見ないわけにはいかない。

　加えて、イランが多くの難民受け入れ国であることも存外知られていない。ＵＮＨＣＲ（国連難民高等弁務官事務所）の報告では、七九年末のソ連のアフガニスタン侵攻とその後の戦争・内戦の結果、九二年までにイランが国内に抱えたアフガン難民は二九〇万人に達した。また、〇三年のイラク戦争後には一五万人のイラク難民がイランに押し寄せた。いずれも登録難民数であり、後者の場合の実数は二〇〇万人に達するとも指摘される。そして、二〇年時点で八〇万人規模のアフガン・イラク難民がイラン国内にいると推定される。テロの被害を受け、膨大な難民を受け入れてきた現実も、「悪の枢軸」イランの「素顔」のひとつである。

それはさておき、周辺諸国、特にGCC（湾岸協力会議）加盟六カ国から見れば、イランは脅威であるに相違ない。現在では八四〇〇万人を超える人口や日本の四・四倍に達する国土、そして先進性を誇るドローン技術を含む軍事力は、確かにそれら周辺諸国を圧倒する存在である。なかでも、イランが七九年革命後、シーア派革命論（「革命輸出外交」）を掲げた経緯があり、スンナ派主導のアラブ湾岸諸国の政権指導部がイランを危険視しても不思議ではない。

今やサウジとの間で軍事的対立を繰り返すイエメンのシーア派武装組織フーシ派（正式名「アンサール・アッラー〈神の支援者〉」）とのイランの連携・支援も問題視され、それがスンナ派対シーア派の「宗派対立」という延長線上で語られ、アラブ湾岸諸国の危機意識に拍車をかけている。しかし、そこでは「宗派対立」という教義の違いに消化できる性格よりも、多数派（スンナ派）と少数派（シーア派）間の長年の支配・被支配関係という歴史的性格にこそ注目する必要がある。そうであれば、イランを巻き込んだ交渉・対話ベースでの問題解決への道も用意することが可能である。

その点で注目すべきは、イランの柔軟かつプラグマティックな政治姿勢である。それが欠落しているのが革命後のイランの政治体制と見られがちだが、イランは中国、ロシア、インド、アルメニアなど、非イスラームの、そして少数ムスリム問題を抱えた多くの国々との間で、宗教的にもイデオロギー的にも相容《あいい》れない点があるにもかかわらず、良好な外交関係を築いてきた。国家的な存続や体面を脅かさず、実利にかなう限り、フレキシブルに対外政策を展開するところにも、長年国際政治に振り回され続けたイランの特性がある。

以上との関わりで、二二年二月のロシアによるウクライナ侵略への対応を挙げても、あながち的外れではなかろう。翌月、国連総会緊急特別会合で採決された対ロシア非難決議に対して、シリアや北朝鮮は反対した。しかし、それら両国と異なってイランは棄権票を投じた。この決議が米国に利するとの判断と、ロシアへの歴史的な警戒心が交錯した結果であると考えられる。そして、バイデン政権はプーチン政権の今回の暴挙に対抗する世界平和の旗手とみなされている。だが、これまでに米国が平和を害する大国であった歴史も忘れてはならない。

イランに向けられた「悪の枢軸」を含め、国際社会はさまざまなバイアスに溢れた言説やレッテルに振り回されてきた。それらは、見方を変えれば、不条理を隠す「道具」である。特に、イランが位置する中東では、その地政学的重要性や豊かな石油・天然ガスの存在から、不条理が平然とまかり通り、また数多《あまた》の言説やレッテルが大国の意のままに貼り付けられたり、剝がされたりする。その影響は難民支援にも現れる。今回、ウクライナ難民への緊急支援が国際社会で積極的に展開されている。しかし、パレスチナをはじめ、シリア、イラクやアフガニスタンといった中東諸国からの難民は、「イスラム原理主義（者）」、「テロ（リスト）」、果ては「宗教・宗派対立」といった言説の影響のもとで差別され、同様の国際的な支援の対象とはならない。ましてや、米国やイスラエルが難民流出に関わっていれば、その積極性も減退する。

幾度となく刷り込まれる「悪の枢軸」のように、対話を阻害する言説やレッテルから冷静に距離を置き、相互尊重に基づく粘り強い対話を重ね、二重基準やその他の不条理を排することが今後いっそう求められる。それが不信感と敵意に彩られた国際関係の現状是正と、中東の平和回復に向けた第一歩である。同時に、そのことは国際社会が標榜《ひょうぼう》する「平和主義」や「人道主義」の差別性からの解放にもつながる。国籍や民族、宗教の違い、さらに差別の言説を超えて、私たちは常に犠牲者が無辜《むこ》の一般市民であるという現実こそを直視しなければならない。

おわりに

吉村慎太郎

北朝鮮とイランは、それぞれ東アジアと西アジアに位置する「お騒がせ」国家として危険視されるベスト3（いやワースト3と言うべきか）に入る国と見られている。「そのことは分かっているから、今さら本を買って読むまでもない」と、思われるかもしれない。しかし、日々メディアを通じて流される、きな臭い内容の多い断片的な情報から、私たちは「悪の枢軸」の名のもとで負のイメージを抱きがちな北朝鮮とイラン両国の「正体」を本当に理解していると言えるのだろうか。

江戸時代の国学者で俳人としても知られた横井也有《やゆう》（一七〇二〜八三年）の俳文集の一句に由来すると言われる「幽霊の正体見たり枯れ尾花」にあるように、私たちは日頃怖いと思うものを直視しない向きがある。米国大統領が「悪の枢軸」と言うのだから間違いはないだろう、との認識のもと、実際、「拉致事件」を起こしたり、謎の飛翔体を日本海に向けて発射したりする国として北朝鮮は記憶に刻まれていく。他方、イランの場合は「テロ」を支援し、核兵器を秘《ひそ》かに開発していたことが明るみに出て、国連安保理から幾度も制裁を科せられたりしているイメージが定着している。確かに、それらを鵜呑みにすれば、北朝鮮とイラン両国は東西アジアの平和と安定をもっとも脅かす双璧のような存在であると、誰しも思うに違いない。「悪の枢軸」はこうした妄想や疑念を膨らませ、国際社会の懸念をいっそう強化する好都合な用語となった。

しかし、なぜこうした国家が成立し、現在かかる非難を浴びせられるに至ったのかという歴史的背景となると、存外知らない人も多いようである。こうした国家が突然変異のごとく「異常な国」として誕生したわけではなく、そこには歴史的な変化があり、その過程で紡ぎ出された論理もそれなりに存在する。それらを知らずして、「幽霊」のような得体の知れない「化け物」的存在としておけば、果たして「枯れ尾花」(枯れススキ)という植物であるのかどうかさえも判断できない。その「正体」を究明することは、疑心暗鬼から解放され、これまで見聞きしてきた自身の認識を問い直さざるをえないことにつながっていく。

北朝鮮とイランがイラクとともに「悪の枢軸」として、二〇〇二年に米国ブッシュ大統領から指弾され、すでに二〇年以上が経過した。時の経過は本当に早いものである。本書では、その発言に至る歴史的背景、この二〇年間の両国の内政と国際関係の展開を事実にそくしながら書き記すこととした。その内容に違和感を持つ読者がいたとしても、決して不思議ではない。しかし、イラクを加えた「悪の枢軸」三カ国は、過度に国益を重視する大国政治の「エゴ」によって振り回されてきた。誰もそこに共通して見られる歴史的な特性から目を背けることはできない。

北朝鮮とイラン両国については、マスメディアを通じて頻繁に情報に接する機会が設けられている。それらは事件や事実の断片であったり、一定方向からの見方を提示するに過ぎなかったりする。必ずしも両国の全体像、あるいは「正体」の提示を目的にしてはいないからである。本書はそうした断片情報なり、ある方向性を持った見方からの情報をつなぎ合わせて作り出される両国イメージ、特に「悪の枢軸」や「危険国家」、「ならず者国家」としての負のイメージを覆すことを目的としているわけではない。むしろ、両国の内側から見出される視点を大事にしながら、それぞれの国の特性に注目しながら論述することとした。

今や専門や地域の壁を乗り越え、縦横に手をつなぎ、現象を多角的に見ることが必要な時代に、私たちは生きている。そうした時代の要請に少しでも応えたいとの意図もあって、地域を超えた学問的貢献の可能性を探ってきた。そこで着目したのが、長年研究対象に据えてきた北朝鮮・イランと「悪の枢軸」というレッテルとのギャップである。

本書の企画は、私が縁あって長年学友として合同の研究会を開催してきた北朝鮮研究者の福原裕二氏に協力を依頼し、快諾してもらったことから、具体的に動き出した。その後、互いに先行研究の読み返しや現状分析を重ね、コロナ禍のなかで制約を受けながら、メールを通じて適宜意見交換を行い、執筆作業に取り組むこととなった。

その間、これも縁に恵まれて知己となった集英社新書編集部編集長の落合勝人氏にご相談したところ、幸運にも出版を引き受けて頂けることになった。仏教用語にある「縁起」とはよく言ったものである。そして、集英社の方々がコロナ禍の被害に遭うなかでも、落合氏からは暖かいご支援とご協力を頂くことができた。心よりの謝意を改めてここで申し上げたい。

最後に、二〇二一年三月に私たちの恩師である中村平治《へいじ》先生（インド現代史研究、東京外国語大学アジア・アフリカ言語文化研究所名誉教授）が逝去された。衷心よりご冥福をお祈りし、本書を捧げることとしたい。

二〇二二年五月三〇日

主要参考文献　北朝鮮

【日本語文献】
礒﨑敦仁『北朝鮮と観光』毎日新聞出版、二〇一九年
市川正明編『朝鮮半島近現代史年表・主要文書』原書房、一九九六年
伊藤亜人『北朝鮮人民の生活―脱北者の手記から読み解く実相』弘文堂、二〇一七年
岩下明裕編著『北東アジアの地政治―米中日ロのパワーゲームを超えて』北海道大学出版会、二〇二一年
大内憲昭『朝鮮民主主義人民共和国の法制度と社会体制―朝鮮民主主義人民共和国基本法令集付』明石書店、二〇一六年
小此木政夫編『金正日時代の北朝鮮』日本国際問題研究所、一九九九年
小此木政夫・文正仁・西野純也編著『転換期の東アジアと北朝鮮問題』慶應義塾大学出版会、二〇一二年
小此木政夫『朝鮮分断の起源―独立と統一の相克』慶應義塾大学法学研究会、二〇一八年
金哲佑『金正日先軍政治』外国文出版社、二〇〇二年
金錬鐵著、李準悳訳『冷戦の追憶―南北朝鮮交流秘史』平凡社、二〇一〇年
鐸木昌之『北朝鮮―社会主義と伝統の共鳴』東京大学出版会、一九九二年
鐸木昌之『北朝鮮　首領制の形成と変容―金日成、金正日から金正恩へ』明石書店、二〇一四年
徐勝監修、康宗憲編『北朝鮮が核を放棄する日―朝鮮半島の平和と東北アジアの安全保障に向けて』晃洋

書房、二〇〇八年
沈志華著、朱建栄訳『最後の「天朝」―毛沢東・金日成時代の中国と北朝鮮』上下、岩波書店、二〇一六年
ドン・オーバードーファー、ロバート・カーリン著、菱木一美訳『二つのコリア―国際政治の中の朝鮮半島［第三版］』共同通信社、二〇一五年
中川雅彦編『国際制裁と朝鮮社会主義経済』アジア経済研究所、二〇一七年
蓮池薫『拉致と決断』新潮社、二〇一二年
平井久志『なぜ北朝鮮は孤立するのか―金正日　破局へ向かう「先軍体制」』新潮社、二〇一〇年
平岩俊司『朝鮮民主主義人民共和国と中華人民共和国―「唇歯の関係」の構造と変容』世織書房、二〇一〇年
福原裕二『北東アジアと朝鮮半島研究』国際書院、二〇一五年
三村光弘『現代朝鮮経済―挫折と再生への歩み』日本評論社、二〇一七年
宮本悟『北朝鮮ではなぜ軍事クーデターが起きないのか？―政軍関係論で読み解く軍隊統制と対外軍事支援』潮書房光人社、二〇一三年
文聖姫『麦酒《ビール》とテポドン―経済から読み解く北朝鮮』平凡社新書、二〇一八年
森山茂徳『韓国現代政治』東京大学出版会、一九九八年
和田春樹『北朝鮮―遊撃隊国家の現在』岩波書店、一九九八年
和田春樹『北朝鮮現代史』岩波新書、二〇一二年

【韓国・朝鮮語文献】

양문수『북한 경제의 구조—경제개발과 침체의 메커니즘』서울대학교출판문화원、二〇〇一년（梁文秀『北韓経済の構造—経済開発と沈滞のメカニズム』ソウル大学校出版文化院、二〇〇一年）。

정일영『북한 사회통제체제의 기원』도서출판선인、二〇一八년（チョンイリョン『北韓社会統制体制の起源』図書出版ソニン、二〇一八年）。

김일성『김일성저작집』四四（一九九二・一二～一九九四・七）、조성로동당출판사、一九九六년（金日成『金日成著作集』四四（一九九二・一二～一九九四・七）、朝鮮労働党出版社、一九九六年）。

리기성・김철『조선민주주의인민공화국 경제개괄』조선출판물수출입사、二〇一七년（リギソン・キムチョル『朝鮮民主主義人民共和国経済概括』朝鮮出版物輸出入社、二〇一七年）。

【インターネットサイト】

韓国統計庁「北韓統計ポータル」https://kosis.kr/bukhan/

労働新聞社「労働新聞」http://www.rodong.rep.kp/ko/

朝鮮中央通信社「朝鮮中央通信」http://www.kcna.kp/kp

祖国平和統一委員会「ウリミンジョクキリ」http://www.uriminzokkiri.com/

主要参考文献　イラン

【日本語文献】
板垣雄三『石の叫びに耳を澄ます―中東和平の探索』平凡社、一九九二年
鵜塚健『イランの野望―浮上する「シーア派大国」』集英社新書、二〇一六年
春日孝之『イランはこれからどうなるのか―「イスラム大国」の真実』新潮新書、二〇一〇年
ジミー・カーター著、日高義樹監修、持田直武ほか訳『カーター回顧録』上下、日本放送出版協会、一九八二年
吉川元・水本和実編『なぜ核はなくならないのかⅡ―「核なき世界」への視座と展望』法律文化社、二〇一六年
黒田賢治『戦争の記憶と国家―帰還兵が見た殉教と忘却の現代イラン』世界思想社、二〇二一年
『国際テロリズム要覧』公安調査庁、二〇二〇年
酒井啓子『9.11後の現代史』講談社現代新書、二〇一八年
ハミッド・ダバシ著、田村美佐子・青柳伸子訳『イラン、背反する民の歴史』作品社、二〇〇八年
テレーズ・デルペシュ著、早良哲夫訳『イランの核問題』集英社新書、二〇〇八年
貫井万里「核合意後のイラン内政と制裁下に形成された経済構造の抱える問題」(『国際問題』№656）国際問題研究所、二〇一六年

羽田正編『イラン史』山川出版社、二〇二〇年
R・M・ホメイニー著、富田健次編訳『イスラーム統治論・大ジハード論』平凡社、二〇〇三年
松永泰行「イランの核合意・制裁解除—その意義、背景と余波」(『歴史学研究』九四八号)歴史学研究会、二〇一六年
松永泰行「トランプ政権とイラン核合意の行方—米国単独離脱とその影響」(『国際問題』No.671)国際問題研究所、二〇一八年
山岸智子編著『現代イランの社会と政治—つながる人びとと国家の挑戦』明石書店、二〇一八年
吉村慎太郎『イラン・イスラーム体制とは何か—革命・戦争・改革の歴史から』書肆心水、二〇〇五年
吉村慎太郎『改訂増補　イラン現代史—従属と抵抗の100年』有志舎、二〇二〇年
ヤコヴ・M・ラブキン著、菅野賢治訳『イスラエルとは何か』平凡社新書、二〇一二年

【英語文献】
Abrahamian, Ervand, *Iran Between Two Revolutions*, Princeton University Press, Princeton, 1982.
Amanat, Abbas and Bernhardsson, Magnus T. (eds.), *U.S.-Middle East Historical Encounters: A Critical Survey*, University Press of Florida, Gainesville, 2007.
Ansari, Ali M., *Confronting Iran: The Failure of American Foreign Policy and the Roots of Mistrust*, Hurst and Company, London, 2006.
Cumings, Bruce, Abrahamian, Ervand and Ma'oz Moshe, *Inventing the Axis of Evil: The Truth about*

North Korea, Iran and Syria, The New Press, New York and London, 2004.

Ehteshami, Anoushiravan and Zweiri, Mahjoob (eds.), *Iran's Foreign Policy: From Khatami to Ahmadinejad*, Ithaca Press, Berkshire, 2012.

Fayazmanesh, Sasan, *The United States and Iran: Sanctions, Wars and the Policy of Dual Containment*, Routledge, London and New York, 2008.

Hersh, Seymour M., *Chain of Command: The Road from 9/11 to Abu Ghraib*, Harper Collins, New York, 2004.

Juneau, Thomas and Razavi, Sam (eds.), *Iranian Foreign Policy since 2001: Alone in the World*, Routledge, London and New York, 2013.

Katouzian, Homa and Shahidi, Hossein (eds.), *Iran in the 21st Century: Politics, Economics & Conflict*, Routledge, London and New York, 2008.

Moin, Baqer, *Khomeini: Life of the Ayatollah*, I.B. Tauris, London and New York, 1999.

Monshipouri, Mahmood, *Inside the Islamic Republic: Social Change in Post-Khomeini Iran*, Oxford University Press, Oxford and New York, 2016.

Mousavian, Seyed Hossein, *Iran and the United States: An Insider's View on the Failed Past and the Road to Peace*, I.B. Tauris, London and New York, 2014.

Murray, Donette, *US Foreign Policy and Iran: American-Iranian Relations since the Islamic Revolution*, Routledge, London and New York, 2010.

Porter, Gareth and Kiriakou, John, *The CIA Insider's Guide to the Iran Crisis: From CIA Coup to the Brink of War*, Skyhorse, New York, 2020.

Randjbar-Daemi, Siavush, *The Quest for Authority in Iran: A History of the Presidency from Revolution to Rouhani*, I.B. Tauris, London and New York, 2018.

Rezaei, Farhad, *Iran's Foreign Policy After the Nuclear Agreement: Politics of Normalizers and Traditionalists*, Palgrave Macmillan, Cham, 2019.

Ridgeon, Lloyd (ed.), *Religion and Politics in Modern Iran: A Reader*, I.B. Tauris, London and New York, 2005.

【ペルシア語文献】

Amini, 'Alireza, *Tahavvolat-e Siyasi va Ejtema'i-ye Iran dar Douran-e Pahlavi*, Seda-ye Mo'aser Tehran, 1381 (2002).

Madani, Seyyed Jalal al-Din, *Tarikh-e Mo'aser-e Iran*, 2 vols, Enteshrat-e Eslami, Tehran, 1361 (1982).

Qanun-e Asasi-ye Jomhuri-ye Eslami-ye Iran, Entesharat-e Guya, Esfahan, 1375 (1996).

Rouhani, Hasan, *Amniyat-e Melli va Diplomasi-ye Hastei*, Markaz-e Tahqiqat-e Estrajhik, Tehran, 1390 (2011).

Salname-ye Amari-ye Keshvar, 1395, Markaz-e Amar-e Iran, Tehran, 1397 (2018).

Tarikh-e Mo'aser-e Iran az Didgah-e Emam Khomeini, Komite-ye Tablighat va Entesharat, Tehran,

1378（1999）.
その他、*Ettela'at,*（ペルシア語紙）と *Iran Times*（英語・ペルシア語紙）参照

関係略年表　北朝鮮

一九一〇	日本の朝鮮半島に対する植民地支配の成立（八月）
一九四三	カイロ宣言（一二月）
一九四五	ヤルタ会談（二月）、植民地支配からの解放（八月）、米英ソ三国外相会談（一二月）
一九四六	第一次米ソ共同委員会（三月）、米ソ共同委員会無期休会（五月）
一九四七	第二次米ソ共同委員会（五月）、米ソ共同委員会事実上の決裂（七月）、米国は朝鮮問題を国連に付託する旨発表（九月）
一九四八	大韓民国［韓国］建国（八月）、朝鮮民主主義人民共和国［北朝鮮］建国（九月）、北朝鮮・ソ連国交樹立（一〇月）
一九四九	韓国・米国国交樹立（三月）、北朝鮮・中国国交樹立（一〇月）
一九五〇	朝鮮戦争勃発（六月）
一九五一	日韓国交正常化交渉開始（一〇月）
一九五三	ソ連のスターリン死去（三月）、「朝鮮戦争停戦協定」締結（七月）、「米韓相互防衛条約」締結（一〇月）
一九五六	八月宗派事件［権力闘争により朴昌玉《パクチャンオク》、崔昌益《チェチャンイク》らをパージ］（八月）
一九五九	在日朝鮮人帰還に関わる「日朝赤十字協定」調印（八月）、北朝鮮・ソ連「原子力平和利用協定」調印（九月）

一九六一	「ソ朝友好協力相互援助条約」締結、「中朝友好協力相互援助条約」締結（七月）
一九六二	キューバ危機［米国がキューバを海上封鎖］（一〇月）
一九六五	金日成《キムイルソン》が講義を行い、初めて「主体思想」に言及（四月）、「日韓基本条約」調印［日韓国交正常化］（六月）
一九六八	韓国大統領襲撃事件［北朝鮮の武装ゲリラによる襲撃］、「プエブロ号」事件［北朝鮮が米国情報収集船を拿捕《だほ》］（一月）
一九六九	北朝鮮が米国偵察機ＥＣ－一二一を撃墜（四月）
一九七〇	日本赤軍による「よど号」ハイジャック事件（三月）、日本赤軍と「よど号」が北朝鮮到着（四月）、朴正熙《パクチョンヒ》大統領が北朝鮮に対する「善意の競争」を提案（八月）
一九七一	米国キッシンジャー大統領補佐官が中国を秘密訪問（七月）、南北赤十字予備会談（九月）
一九七二	米国ニクソン大統領が訪中、共同声明発表（二月）、韓国・北朝鮮が「南北共同声明」に合意（七月）、南北赤十字本会談（八月）、北朝鮮が「社会主義憲法」を採択（一二月）
一九七三	北朝鮮が「祖国統一五大綱領」を発表（六月）
一九七四	金正日《キムジョンイル》が朝鮮労働党中央委員会政治委員会委員に選出（二月）、北朝鮮が「米朝平和協定」の締結を提案（三月）、韓国で朴正熙大統領狙撃未遂事件が発生（八月）
一九七六	米韓が合同軍事演習「チームスピリット」を開始（六月）、「板門店《パンムンジョム》ポプラ事件」勃発

	（八月）
一九七九	韓国で朴正熙大統領が暗殺（一〇月）
一九八〇	韓国で「光州《クアンジュ》事件」が発生（五月）、北朝鮮が朝鮮労働党第六次大会を開催、「高麗《こうらい》民主連邦共和国」統一方案を採択（一〇月）
一九八一	国際オリンピック委員会が第二四回オリンピック開催地をソウルに決定（九月）
一九八三	ビルマ・ラングーン［ミャンマー・ヤンゴン］爆弾テロ事件勃発（一〇月）
一九八五	離散家族の南北相互訪問の開始（九月）、北朝鮮、核拡散防止条約［ＮＰＴ］に加盟（一二月）
一九八七	韓国で「六・二九民主化宣言」（六月）、「大韓航空機爆破事件」（一一月）
一九八八	韓国、「民族自尊と統一繁栄のための特別宣言」［七・七宣言］を発表（七月）、韓国でソウル・オリンピック開催（九～一〇月）
一九八九	中国「天安門事件」（六月）、ドイツ・ベルリンの壁崩壊（一一月）、米ソ首脳会談「マルタ島・冷戦終結」（一二月）
一九九〇	自民・社会党と朝鮮労働党間の「三党共同宣言」調印、韓国・ソ連国交正常化（九月）、東西ドイツ統一（一〇月）、北朝鮮・ソ連間での「ハードカレンシー貿易決済協定」調印（一一月）
一九九一	日朝国交正常化交渉本交渉開始（一月）、ソ連、共産党の解体を宣言（八月）、南北朝鮮の国連同時加盟（九月）、韓国・北朝鮮、「南北基本合意書」調印（一二月）

一九九二	韓国・北朝鮮、「南北非核化共同宣言」正式調印、北朝鮮、国際原子力機関［IAEA］との「保障措置協定」調印（一月）、韓国・中国国交正常化（八月）
一九九三	北朝鮮、NPTからの脱退を宣言（三月）
一九九四	北朝鮮、IAEAからの脱退を宣言、米国カーター元大統領が訪朝、金日成と会談（六月）、金日成死去（七月）、北朝鮮・米国、「枠組み合意」［ジュネーブ合意］調印（一〇月）
一九九五	朝鮮半島エネルギー開発機構［KEDO］発足（三月）、北朝鮮・KEDO「軽水炉提供協定」調印（一二月）
一九九七	黄《ファン》長燁《ジャンヨプ》朝鮮労働党秘書が韓国大使館に亡命申請（二月）、北朝鮮・KEDO「軽水炉建設の覚書」調印（七月）、金正日、朝鮮労働党総秘書に就任（一〇月）、日・米・韓・EU協議でKEDO軽水炉建設の見積決定［約六五〇〇億円］（一一月）
一九九八	KEDO分担金で合意［日：一〇億ドル、韓：三二億ドル、米：三億ドル余、EU：数千万ドル］（七月）
一九九九	KEDOが軽水炉の本格工事へ向け、韓国電力公社と主契約締結（一二月）
二〇〇〇	金《キム》大中《デジュン》大統領が訪朝、史上初の南北首脳会談実現、韓国・北朝鮮、「南北共同宣言」を発表（六月）、北朝鮮・ロシア、「朝ロ共同宣言」調印、米朝間での初めての外相会談（七月）、北朝鮮・米国、「テロ反対の共同声明」発表、米国・オルブライト国務長官が訪朝（一〇月）

二〇〇一	北朝鮮・ロシア、「朝ロモスクワ宣言」調印（八月）、米国で同時多発テロが発生、北朝鮮外務省は同時多発テロに対して、「あらゆる形態のテロに反対」と表明（九月）、KEDO事務局長訪朝、軽水炉二基の「品質保証などに対する議定書」に署名（一二月）
二〇〇二	米国ブッシュ大統領「悪の枢軸」発言（一月）、北朝鮮、「経済管理改革措置」［七・一措置］を実施（七月）、小泉純一郎首相訪朝、史上初の日朝首脳会談実現、日本・北朝鮮、「日朝平壌《ピョンヤン》宣言」調印（九月）、北朝鮮から拉致被害者五名が帰国、米国政府、北朝鮮が高濃縮ウラン核開発計画を認めたと発表（一〇月）、KEDO加盟国、北朝鮮への重油供給の停止に合意、IAEA理事会、北朝鮮に核開発破棄を求める決議採択（一一月）、北朝鮮、核開発の再開を発表、核施設の封印解除を宣言（一二月）
二〇〇三	北朝鮮、NPTからの脱退を宣言（一月）、米英軍、イラクを先制攻撃（三月）、北朝鮮、核保有を容認（四月）、開城《ケソン》工業団地着工式（六月）、第一回六者協議（八月）、KEDO、軽水炉建設を一年間停止することで合意（一一月）
二〇〇四	パキスタンのカーン博士、北朝鮮・イラン・リビアの三カ国に濃縮ウランを使用した核開発技術を提供していたと認める発言、第二回六者協議（二月）、小泉首相再訪朝、日朝首脳会談［拉致被害者家族が帰国］（五月）、第三回六者協議（六月）
二〇〇五	北朝鮮、「自衛のための核兵器製造」及び「六者協議の参加無期限中断」を発表（二月）、第四回六者協議（七月）、第四回六者協議が再開され、「九・一九共同声明」を採択（九月）、第五回六者協議（一一月）

二〇〇六	北朝鮮、スカッド・ノドン・テポドン二号と見られる弾道ミサイル計七発の発射実験、国連安保理、対北朝鮮制裁決議一六九五号を採択（七月）、北朝鮮、第一回核実験、国連安保理、対北朝鮮制裁決議一七一八号を採択（一〇月）
二〇〇七	六者協議、「九・一九共同声明」実施のための「初期段階の措置」［二・一三措置］に合意（二月）、第六回六者協議（三月）、六者協議、「九・一九共同声明」実施のための「第二段階の措置」に合意（一〇月）
二〇〇八	北朝鮮、寧辺《ニョンビョン》の核施設にある原子炉の冷却塔を爆破（六月）、米国、北朝鮮に対するテロ支援国家指定を解除（一〇月）
二〇〇九	北朝鮮、第二回核実験（五月）、国連安保理、対北朝鮮制裁決議一八七四号を全会一致で採択（六月）
二〇一〇	韓国哨戒艦《しょうかいかん》「天安《チョナン》」沈没（三月）、韓国、南北間の交易中断などの国民向け談話を発表［五・二四措置］（五月）、金正恩《キムジョンウン》、朝鮮労働党中央軍事委員会副委員長に就任（九月）、韓国・延坪島《ヨンピョンド》砲撃事件（一一月）
二〇一一	金正日死去（一二月）
二〇一二	北朝鮮、「人工衛星」を発射（一二月）
二〇一三	国連安保理、対北朝鮮制裁決議二〇八七号を採択（一月）、北朝鮮、第三回核実験（二月）、国連安保理、対北朝鮮制裁決議二〇九四号を採択、北朝鮮、「経済開発と核武力建設の並進路線」を採択（三月）、張成沢《チャンソンテク》国防委員会副委員長が「国家転覆陰謀行為」に

	より銃殺（一二月）
二〇一四	日本・北朝鮮、「日朝合意文書」［ストックホルム合意］調印（五月）
二〇一五	北朝鮮、国内の標準時間を三〇分遅らせる変更を発表（八月）
二〇一六	北朝鮮、第四回核実験（一月）、韓国、開城工業団地の操業中止を決定（二月）、国連安保理、対北朝鮮制裁決議二二七〇号を採択（三月）、北朝鮮、朝鮮労働党第七次大会を開催（五月）、韓国・米国、THAADミサイルの在韓米軍配備を決定（七月）、北朝鮮、第五回核実験（九月）、国連安保理、対北朝鮮制裁決議二三二一号を採択（一一月）
二〇一七	金正男《キムジョンナム》殺害事件［マレーシア］（二月）、北朝鮮、九回にわたり弾道ミサイルを発射（二〜五月）、国連安保理、対北朝鮮制裁決議二三五六号を採択（六月）、北朝鮮、二回にわたり大陸間弾道ミサイル［ICBM］を発射（七月）、国連安保理、対北朝鮮制裁決議二三七一号を採択、北朝鮮、「グアム包囲攻撃を検討中」である旨発表（八月）、北朝鮮、第六回核実験、国連安保理、対北朝鮮制裁決議二三七五号を採択（九月）、北朝鮮、ICBMを発射（一一月）、国連安保理、対北朝鮮制裁決議二三九七号を採択（一二月）
二〇一八	金正恩、「新年辞」で平昌《ピョンチャン》五輪への参加意向を示唆（一月）、金正恩、中国を訪問し、習近平国家主席と会談（三月）、北朝鮮、「経済開発と核武力建設の並進路線」の成功を踏まえ、核及びICBM発射実験の中止・核実験場の解体を決定し、経済建設に全力を傾ける旨発表、文在寅《ムンジェイン》大統領訪朝、南北首脳会談を通じ、「板門店宣言」に合意（四月）、

	金正恩・習近平が大連で首脳会談を開催（五月）、金正恩・文在寅が板門店で二度目の首脳会談を開催（五月）、史上初の米朝首脳会談がシンガポールで開催、「米朝共同声明」に署名、金正恩、三度目の訪中を行い、習近平と会談（六月）、北朝鮮、「米朝共同声明」に従い、米兵遺骨五五柱を米国に返還（七月）、韓国・北朝鮮、開城に両者で初めての「南北連絡事務所」を設置、文在寅大統領再訪朝、年内三度目となる首脳会談を通じ、「九月平壌共同宣言」及び「板門店宣言履行のための軍事分野合意書」調印（九月）
二〇一九	金正恩訪中、北京で首脳会談（一月）、ベトナム・ハノイで二度目の米朝首脳会談開催、非核化に関わる合意を見出せず終了（二月）、金正恩、ウラジオストクを訪問し、プーチン大統領と首脳会談（四月）、安倍晋三首相、「条件なく日朝首脳会談を目指す」旨表明（五月）、習近平訪朝し、平壌で首脳会談開催、板門店で三度目の米朝首脳会談開催（六月）
二〇二〇	北朝鮮、開城の「南北連絡事務所」を爆破（六月）
二〇二一	北朝鮮、朝鮮労働党第八次大会を開催し、「国家経済発展五カ年計画」を策定・発表（一月）、北朝鮮、国防発展展覧会「自衛―二〇二一」開催（一〇月）
二〇二二	中国・丹東～北朝鮮・新義州間の鉄道貨物輸送が再開（一月）、北朝鮮、新型ＩＣＢＭ「火星砲一七」を発射（三月）、北朝鮮で一日最大四〇万人弱の「新規有熱者」「コロナ感染者」が発生（五月）

関係略年表　イラン

一九四一	英ソ共同進駐（八月）、レザー・シャー退位、モハンマド・レザー・シャー、パフラヴィー王朝第二代国王即位（九月）
一九四二	英国・ソ連・イラン「三国条約」締結（一月）、対日外交関係断絶（四月）
一九四三	対独宣戦布告（九月）、テヘランで米英ソ三国首脳会談（一一月）
一九四五	対日宣戦布告（二月）、広島・長崎原爆投下（八月）、アーザルバーイジャーン自治政府成立（一二月〜四六年一二月）
一九四六	クルディスターン・マハーバード共和国成立（一月〜一二月）
一九四八	イスラエル建国（五月）、アラブ諸国との間でパレスチナ戦争へ（〜四九年七月）
一九四九	モサッデグ指導下の「国民戦線」成立（一一月）
一九五一	議会で石油産業国有化法案可決（三月。五月発効）、英国、イラン石油ボイコット運動を組織化、モサッデグ首相就任（四月）
一九五二	モサッデグ辞任、シャー、後任のガヴァーム任命に抗議する民衆蜂起発生、モサッデグ首相に復帰（七月）
一九五三	米英によるモサッデグ政府打倒クーデター、モサッデグ逮捕（八月）
一九五四	国際石油合弁会社設立（八月）、モサッデグに三年の禁固刑（一二月）
一九五五	バグダード条約機構（後の中央条約機構）調印（二月）、イラン加盟（一一月）

一九五六	イスラエルのシナイ半島侵略によりスエズ動乱勃発（一〇月）
一九五七	ＣＩＡの支援でＳＡＶＡＫ（国家情報治安機構）設立（二月）、シャー独裁強化、米国との間で「原子力平和協定」調印（三月）
一九五八	ＩＡＥＡ加盟（九月）
一九六〇	シャー政権、イスラエルを国家承認（七月）
一九六一	大アーヤトッラー・ボルージェルディー死去（三月）
一九六三	シャー、農地改革や女性参政権など六項目からなる「白色革命」発表、国民投票で承認（一月）、「白色革命」に反対する抗議運動大規模化、ホメイニー逮捕（六月）
一九六四	議会で可決された「米軍地位協定」を非難したホメイニー再逮捕、国外追放（一一月）
一九六七	イスラエルによる奇襲攻撃で「六日戦争」勃発（六月）
一九六八	ＮＰＴ調印、クーデターによりイラクでバアス党政権成立（七月。批准は七〇年三月）
一九六九	「ニクソン・ドクトリン」発表（七月）、シャー政権、「ペルシア湾の憲兵」として域内影響力を拡大
一九七一	『イスラーム法学者の統治』刊行。「建国二五〇〇年祭」開催（一〇月）
一九七三	エジプト・シリアの対イスラエル攻撃で「一〇月戦争」勃発（一〇月）
一九七四	原子力庁創設（四月）、シャー政権の支援したイラク・クルドの自治要求運動高揚、イラク内戦に発展
一九七五	イラクと「アルジェ協定」調印、シャットル・アラブ川の国境線の有利な修正の代わり

	に、イラク・クルドへの支援停止（三月）
一九七七	「人権外交」を唱えるカーター政権発足（一月）、カーター、イラン訪問（一二月）
一九七八	ホメイニー中傷記事掲載を契機に反シャー運動開始（一月）
一九七九	シャー国外退去（一月）、ホメイニー帰国後、イラン革命達成（二月）、国民投票でイスラーム共和制導入承認（三月）、米国大使館占拠・人質事件発生、バーザルガーン暫定政府辞職（一一月）、国民投票で承認された新憲法により、ホメイニーを最高指導者とする「イスラーム法学者の統治」体制成立、ソ連によるアフガニスタン侵攻（一二月）
一九八〇	エジプト・イスラエル平和条約締結（三月）、米国、対イラン外交関係断絶、人質救出作戦失敗、在英イラン大使館占拠事件発生（四月）、シャー、カイロで死去（七月）、イラクによる対イラン大規模侵攻により、イ・イ戦争勃発（九月）
一九八一	レーガン政権発足、当日に米大人質解放（一月）、イスラエルによるイラク原子炉空爆、イラン初代大統領バニーサドル、国外逃亡、IRP本部爆破テロ（六月）、首相府爆破テロ（八月）、ハーメネイー、大統領に選出（一〇月）
一九八二	イスラエルによるレバノン全面侵攻（六月）、イラク領への逆侵攻開始（七月）、ベイルート・パレスチナ難民キャンプ虐殺事件（九月）
一九八三	トゥーデ党員一斉逮捕、対イラク本格攻勢、在ベイルート米国大使館爆破テロ（四月）、同米仏軍兵舎爆破事件（一〇月）
一九八四	イラク、イラン諸都市への空爆と化学兵器使用開始（二月）、レバノンでの米国人誘拐

	人質事件多発、タンカー戦争激化（四月）、レーガン政権、イラクとの外交関係復活（一一月）
一九八五	レーガン政権、対イラン秘密武器取引「「イランゲート」スキャンダル」（八月）
一九八七	メッカでイラン人巡礼者殺傷事件発生（七月）、ペルシア湾派遣の米海軍艇、イ・イ戦争に介入（九月）、パレスチナで第一次インティファーダ発生（一二月）
一九八八	イラクによる自国ハラブジャでのクルド系住民への化学兵器使用事件発生（三月）、ミサイル都市戦争激化（四月）、米艦艇によるイラン民間航空機撃墜事件発生、安保理停戦決議五九八号受諾（七月）によりイ・イ戦争終結（八月）
一九八九	G・H・W・ブッシュ政権発足（一月）、『悪魔の詩』事件（二月）、モンタゼリーの後継者資格剝奪（三月）、ホメイニー死去後、ハーメネイーが第二代最高指導者に選出（六月）、憲法改正、ラフサンジャーニー大統領政府発足（八月）
一九九〇	イラクによるクウェート侵攻（八月）
一九九一	多国籍軍による湾岸戦争勃発（一月）、シャー政権最後の首相バフティヤール、パリ郊外で殺害（八月）
一九九二	八九年七月のイラン・クルディスターン民主党幹部殺害に続き、独ベルリンで同党幹部ら三人が殺害（九月）
一九九三	クリントン政権発足（一月）、ラフサンジャーニー再選（六月）、オスロ（パレスチナ暫定自治政府原則）合意成立（八月）

一九九五	ロシアとの間でブーシェフル原発契約調印（一月）、クリントン政権、対イラン貿易全面禁止措置発表（五月）
一九九六	米議会でイラン・リビア制裁法（ダマト法）成立（七月）
一九九七	大統領選でハータミーの地滑り的勝利（五月）
一九九八	ハータミー大統領、米国CNNのインタビューで米国民との対話姿勢を表明（一月）
一九九九	前年からの一連の反体制知識人殺害・言論弾圧に抗議する学生主体の大規模抗議運動発生（七月）
二〇〇〇	第六議会選挙で「改革派」圧勝（二月）、パレスチナで第二次インティファーダ発生（九月）
二〇〇一	G・W・ブッシュ（息子）政権発足（一月）、米国同時多発テロ発生（九月）、ハータミー再選（六月）、米国主導のアフガニスタン戦争実施（一〇月）
二〇〇二	イランからとされるパレスチナ向け大量武器密輸事件発生（一月初め）、ブッシュ大統領、一般教書演説で「悪の枢軸」発言（一月末）、モジャーヘディーネ・ハルク在米政治部から、イラン「核兵器開発」疑惑情報が発表（八月）
二〇〇三	イラク戦争（三月）、「核兵器開発」疑惑との関連で「テヘラン合意」成立（一〇月）、ウラン濃縮活動停止、IAEA追加議定書署名へ、イランの古都バムで大規模地震（一二月）
二〇〇四	第七期議会選挙で「改革派」惨敗（二月）、「核兵器開発」疑惑をめぐり、「パリ合意」

	成立（一一月）
二〇〇五	アフマディーネジャード、大統領に当選（六月）、八月の就任後、欧米諸国を挑発する反イスラエル発言相次ぐ
二〇〇六	IAEA理事会、「核開発疑惑」の安保理への審議付託を決定（二月）、安保理常任理事国プラス1（ドイツ）から提示された「包括的見返り案」を拒否（六月）、ウラン濃縮活動停止を義務づける安保理決議採択（七月）、以後二〇一〇年までに計七本の対イラン決議採択
二〇〇七	イラン人核物理学者殺害事件（一月）
二〇〇八	イスラエル軍のガザ侵攻（一二月）、以後イスラエル・ハマース間の紛争は泥沼化、パレスチナ側の犠牲者が拡大
二〇〇九	オバマ政権発足（一月）、大統領選挙でアフマディーネジャード再選（六月）、その結果を「不正」とした抗議運動（「緑の運動」）発生、元最高指導者後継者モンタゼリー死去（一二月）
二〇一〇	イラン人物理学者爆殺事件（一月）、テヘランで六〇カ国参加の「反核兵器国際会議」開催（四月）、イラン人核物理学者爆殺事件（一一月）
二〇一一	イラン人物理学者殺害事件（七月）
二〇一二	イラン人物理学者爆殺事件（一月）
二〇一三	大統領選挙でロウハーニー選出（六月）、「核兵器開発」疑惑をめぐり、P5＋1との間

	で「共同行動計画」（JPOA）合意成立（一一月）
二〇一四	ウィーンでP5＋1との協議再開（二月）
二〇一五	P5＋1との間で、「包括的共同行動計画」（JCPOA）合意成立（七月）、議会でJCPOA審議・承認（一〇月）
二〇一六	IAEA、イランのJCPOA合意遵守確認、制裁解除開始（一月）
二〇一七	ラフサンジャーニー元大統領死去、トランプ政権発足（一月）、ロウハーニー、「保守派」有力者ライースィーを破って再選（五月）、イランでIS系組織によるテロ攻撃発生（六月）、宗教都市マシュハドで大規模抗議運動発生（一二月）、その後約七〇都市に波及
二〇一八	トランプ政権、イスラエルの首都エルサレムへの大使館移転を発表（一二月）、トランプ政権、JCPOAからの一方的離脱を発表（五月）、リヤール価暴落を契機にした抗議運動発生（七月）、トランプ政権、対イラン制裁を発動（八月）
二〇一九	ハーメネイーによりライースィーが司法権長に任命（三月）、米国、イラン産石油輸入免除措置完全撤廃（五月）、米国高度無人偵察機撃墜、ホルムズ海峡付近での複数のタンカー攻撃事件発生（六月）、最高指導者ハーメネイー、対米交渉は「誤り」と言明（九月）、フーゼスターン州の大油田発見を発表、ガソリン価格引き上げに対する抗議運動活発化（一一月）
二〇二〇	イラク駐留米軍、革命防衛隊ゴドス部隊司令官ソレイマーニー殺害（一月）、IAEA

	理事会、イランに査察・監視活動受け入れを要求する決議採択（六月）、イスラエル・UAE国交正常化発表（八月）、トランプ政権、国連制裁再発動を一方的に宣言（九月）、イラン人核物理学者殺害事件（一一月）
二〇二一	バイデン政権発足（一月）、イラン、中国との包括的協力協定締結（三月）、六〇パーセントにまでウラン濃縮度を引き上げると発表（四月）、「保守派」ライースィー、大統領選で勝利（六月）、新政府発足（八月）
二〇二二	ウクライナ危機の影響により対イラン六カ国協議中断（三月）

福原裕二（ふくはら　ゆうじ）

一九七一年生まれ。島根県立大学教授。専門は、朝鮮半島の政治・外交。著書に『北東アジアと朝鮮半島研究』（国際書院）など。

吉村慎太郎（よしむら　しんたろう）

一九五五年生まれ。広島大学名誉教授。専門は、イラン近現代史、中東国際関係。著書に『イラン現代史』（有志舎）など。

北朝鮮《きたちょうせん》とイラン

二〇二二年八月二二日　第一刷発行

集英社新書一一二九A

著者……福原裕二《ふくはらゆうじ》／吉村慎太郎《よしむらしんたろう》

発行者……樋口尚也

発行所……株式会社集英社

東京都千代田区一ッ橋二-五-一〇　郵便番号一〇一-八〇五〇

電話　〇三-三二三〇-六三九一（編集部）
〇三-三二三〇-六〇八〇（読者係）
〇三-三二三〇-六三九三（販売部）書店専用

装幀……原　研哉

印刷所……凸版印刷株式会社

製本所……加藤製本株式会社

定価はカバーに表示してあります。

ISBN 978-4-08-721229-7 C0231

Printed in Japan

a pilot of wisdom

集英社新書　好評既刊

社会——B

「イスラム国」はテロの元凶ではない　川上泰徳
日本人 失格　田村　淳
たとえ世界が終わっても その先の日本を生きる君たちへ　橋本　治
あなたの隣の放射能汚染ゴミ　まさのあつこ
マンションは日本人を幸せにするか　榊　淳司
敗者の想像力　加藤典洋
人間の居場所　田原　牧
いとも優雅な意地悪の教本　橋本　治
世界のタブー　阿門　禮
明治維新150年を考える ——「本と新聞の大学」講義録　一色　清／姜尚中ほか
「富士そば」は、なぜアルバイトにボーナスを出すのか　丹　道夫
男と女の理不尽な愉しみ　林　真理子／壇　蜜
欲望する「ことば」「社会記号」とマーケティング　嶋　浩一郎／松井　剛
ぼくたちはこの国をこんなふうに愛することに決めた　高橋源一郎
ペンの力　浅田次郎／吉岡　忍
「東北のハワイ」は、なぜV字回復したのか スパリゾートハワイアンズの奇跡　清水一利

村の酒屋を復活させる 田沢ワイン村の挑戦　玉村豊男
デジタル・ポピュリズム 操作される世論と民主主義　福田直子
戦後と災後の間——溶融するメディアと社会　吉見俊哉
「定年後」はお寺が居場所　星野　哲
ルポ 漂流する民主主義　真鍋弘樹
ルポ ひきこもり未満　池上正樹
中国人のこころ 「ことば」からみる思考と感覚　小野秀樹
わかりやすさの罠 池上流「知る力」の鍛え方　池上　彰
メディアは誰のものか ——「本と新聞の大学」講義録　一色　清／姜尚中ほか
京大的アホがなぜ必要か　酒井　敏
天井のない監獄 ガザの声を聴け！　清田明宏
限界のタワーマンション　榊　淳司
日本人は「やめる練習」がたりてない　野本響子
俺たちはどう生きるか　大竹まこと
「他者」の起源 ノーベル賞作家のハーバード連続講演録　トニ・モリスン
言い訳 関東芸人はなぜM-1で勝てないのか　ナイツ 塙　宣之
自己検証・危険地報道　安田純平ほか

a pilot of wisdom

都市は文化《アート》でよみがえる　大林剛郎
「言葉」が暴走する時代の処世術　太田光／山極寿一
性風俗シングルマザー　坂爪真吾
美意識の値段　山口桂
ストライキ2.0　ブラック企業と闘う武器　今野晴貴
香港デモ戦記　小川善照
ことばの危機　大学入試改革・教育政策を問う　東京大学文学部広報委員会・編
国家と移民　外国人労働者と日本の未来　鳥井一平
LGBTとハラスメント　神谷悠一／松岡宗嗣
変われ！　東京　自由で、ゆるくて、閉じない都市　隈研吾／清野由美
東京裏返し　社会学的街歩きガイド　吉見俊哉
人に寄り添う防災　片田敏孝
プロパガンダ戦争　分断される世界とメディア　内藤正典
イミダス　現代の視点2021　イミダス編集部・編
中国法「依法治国」の公法と私法　小口彦太
福島が沈黙した日　原発事故と甲状腺被ばく　榊原崇仁
女性差別はどう作られてきたか　中村敏子

原子力の精神史――〈核〉と日本の現在地　山本昭宏
ヘイトスピーチと対抗報道　角南圭祐
世界の凋落を見つめて　クロニクル2011-2020　四方田犬彦
「自由」の危機　――息苦しさの正体　藤原辰史／内田樹ほか
「非モテ」からはじめる男性学　西井開
妊娠・出産をめぐるスピリチュアリティ　橋迫瑞穂
マジョリティ男性にとってまっとうさとは何か　杉田俊介
書物と貨幣の五千年史　永田希
インド残酷物語　世界一たくましい民　池亀彩
シンプル思考　里崎智也
韓国カルチャー　隣人の素顔と現在　伊東順子
「それから」の大阪　スズキナオ
ドンキにはなぜペンギンがいるのか　谷頭和希
何が記者を殺すのか　大阪発ドキュメンタリーの現場から　斉加尚代
フィンランド　幸せのメソッド　堀内都喜子
私たちが声を上げるとき　アメリカを変えた10の問い　和泉真澄／坂下史子ほか
「黒い雨」訴訟　小山美砂